김순복 체험기

벼룩시장의 노점상

에코미디어

벼룩시장의 노점상

풍파에 맞서

저는 글을 잘 쓰는 전문가도 아니지만, 벼룩시장과 노점상을 하면서 겪은 이야기를 많은 분께 알려 주고 싶어 이 책을 쓰게 되었습니다.

개인이 살아야 국가가 살듯이 나 혼자만 알면 안 되겠기에 서투른 글이지만 순수한 내 마음을 글로 적어서 삶이 버거운 분들께 용기를 주고 조금이라도 살아가는데 힘이 되었으면 합니다.

나는 20대 때 암으로 3개월 밖에 못산다고 병원에서 사형선고를 받았습니다. 그렇지만 하나님이 살려서 어린이선교원과 민간어린이집 원장을 사명으로 40년 가까이 운영했습니다. 그래서 나는 하나님은 확실하게 살아계신 것을 느꼈고 체험했습니다. 우리 어린이집은 유아교육과 보육과정에 하나님 말씀을 추가로 가르쳤습니다.

처음에는 어린이집이 잘 되었습니다. 그러다가 불이 나서 어려움을 당해 옆 건물을 개보수해서 민간어린이집을 운영하였습니다. 어린이집은 하나님께서 나에게 주신 사명으로 계속 운영해야 하지만 은행 이자가 밀려서 여러 가지 시간제 일을 하려고 부업을 찾았습니다. 그렇지만 나이 들었다고 채용해 주지 않았습니다. 제가 대학교와 신학교에서 시간강사를 한 경험이 있어서 신학교와 대학교에서 강의 요청이 있었지만 시간 강사는 연구비는 많이 들고 복장 등도 신경써야 하고, 받는 돈은 적어 하지 않았습니다. 평일에는 어린이집에서 근무하면서 쉬운 일을 찾다가 수년 전부터 어린이집 휴일인 토요일과 국경일이면 길에 돗자리를 깔아 놓고 헌 물건을 팔게 되었습니다.

처음에는 어린이선교원을 했는데 어린이집 선교원은 정부 지원이 없었습니다. 어린이집과 유치원에 다니는 영유아들에게 지원이 되어 민간어린이집 인가를 받아 운영하였습니다. 선교원과 민간어린이집을 합하여 40년 가까이 영유아교육과 보호를 하였습니다.

민간어린이집과 가정어린이집들도 국가가 할 일이지만 개인이 대신해서 일하다 보니 보람을 느껴 사명감으로 일을 했습니다.

원장을 수십 년 째 하면서 7세 이하의 영유아들에게 유아 교육과정과 하나님 말씀을 가르쳤더니 많은 아이들이 졸업하고 교회를 다니게 되었고 가족까지 다니는 것을 보았습니다.

하나님께서는 사람들에게 각자 다른 사명을 줍니다. 어떤 분들은 어린이집에서 영유아 아이들을 위해 유치원, 어린이집을 설립하여 하나님 말씀을 가르칩니다. 또 어떤 분들은 요양원을 설립하여 요양원에서 노인들에게 하나님 말씀 가르칩니다. 또 어떤 분들은 대안학교를 설립하여 학교교육에 기독교교육을 추가하여 가르칩니다. 어떤 분은 목사님, 어떤 분은 장로님, 어떤 분은 선교사님 등등 모든 사람들의 사명이 다릅니다.

교회마다 하나님께서 주신 사명이 다릅니다. 병 고치는 은사를 받은 목사님, 어려운 주위 분들을 돕는 목사님, 배고픈 사람들게 무료로 밥을 주는 목사님 등 모두 사명이 각각입니다.

하나님이 본인에게 보여지고 들려주는 나에게 향한 뜻을 사명대로 순종하면 맘도 행복하고 그 길이 본인에게 축복의 길입니다. 바울도 다메섹에서 예수님을 만나 하나님의 원하는 뜻을 이루기 위해 고난을 많이 받아도 감사함으로 사명을 감당했습니다.

하나님께서는 나에게 민간어린이집 사명을 주셨습니다. 다른 어린이집 원장님들은 개인 사정으로 어린이집을 매매하기도 하고 폐원하기도 하지만 나는 어린이집이 어려워도 사명감을 갖고 이 일을 해야 한다고 생각했습니다.

하나님도 하라고 할 때가 있고 또 그만 하라고 할 때도 있지요. 저는 2019년 1월 17일, 어린이집 운영을 도저히 감당하기 힘들어서 폐원했습니다. 내 나이 66세에 하나님도 때가 되니 어린이집을 못하게 만들더군요.

국공립어린이집과 법인 어린이집들은 원장님들은 정부에서 원장월급을 지원하기 때문에 정년퇴직을 만 65세에 합니다. 민간어린이집은 개인이 운영하기 때문에 정부의 지원이 없어 원장을 계속 해도 되지만 저는 감당하기 힘들었습니다.

모든 직업에 정년이 있듯 나이가 들면 힘들어 집니다.

그런데 어린이집을 하다 보니 대출을 받아야 했고, 은행이자를 막아야 했고, 어려울 때는 경매까지 진행될 때도 있어서 은행을 바꾸어서 해결하여 다시 운영하게 되었고, 지인들에게 돈을 자꾸 빌리다 보니 빌릴 곳도 없고 지인들도 한두 번 빌려 주다가 다음부터는 전화도 안 받았습니다. 나는 토요일과 평일에 퇴근하고 부업을 찾아도 어린이집 시간에 맞추어 부업하기가 힘들었고, 나이가 많고 시간도 안 맞아 부업도 없었습니다.

그래서 나는 거리에 돗자리를 깔아놓고 헌옷과 헌가방 등을 팔게 되었습니다. 토요일에는 어린이집 교사들이 돌아가면서 어린이집에 나오기 때문에 저는 노점상을 했습니다. 인터넷으로도 헌 물건을 팔기도 하였습니다. 돈을 투자해서 물건을 살 돈은 없었지만 지인들이 헌 물건을 수거함에 버리지 않고 나에게 연락하면 가지고 와서 거리에서 팔았고 남은 물건은 고물상에도 팔고 또 고물상(자원)에서도 물건을 사서 인터넷을 통해 팔았습니다.

이러한 경험을 하면서 헌 물건이 국민들의 삶에 도움을 준다는 것을 깨닫고 이런 일들이 국민과 나라를 살리는 일이 되는구나 생각하게 되었습니다. 글로 써서 알려야겠다고 생각해서 이 책을 쓰게 되었습니다. 아름다운 가게가 이런 좋은 점을 활용하는 곳이라 생각하게 되었고, 이것이 환경사업도 되는 좋은 일이구나 생각하게 되었습니다. 부족한 점이 있어도 이해해 주시고 이 책을 보시고 도움이 되기를 원합니다.

2021년 8월

김순복

차례

제4부

제5부

제1부

민간 어린이집 운영의 어려움

민간어린이집을 운영할 때 어려운 영유아들이 많이 어린이집에 왔습니다.

한부모가정 어린이의 경우, 부모의 이혼으로 할머니가 키우는 경우, 어려운 다문화 가정, 맞벌이 아래에서 자라는 어린이의 경우, 다양합니다.

나는 하루하루를 어렵게 살아가는 가정들을 많이 보았습니다.
그런데 영유아들은 발달이 빨리 진행되므로 어려운 집 아이들은 옷과 신발 등이 많이 필요하다는 것을 알았습니다.

어떤 이혼가정에는 할머니가 아이들을 키우다가 힘들어 주위에서 고아원에 보내라고 했는데 내가 신과 옷을 어린이집 입학 때부터 7세에 졸업할 때까지 무료로 입혀 주었습니다.

영유아들은 발달이 빨라 옷이 적어져서 입을 수 없기 때문에 이런 아이들에게 옷을 구해서 무료로 부모들에게 드리기 시작했습니다. 부모님들은 옷이 적어지면 다시 나에게 보내면 어려운 가정들에게 또 주고 이렇게 해서 주위에 옷과 신을 주었습니다.

교회 권사님과 집사님 등 주위의 지인들과 교인들도 도와주었습니다. 이 기회에 우리 교인들께도 다시 한 번 감사말씀 드립니다.

어린이집에는 각종 잡비들이 있습니다. 그러나 나는 우리 어린이집의 잡비를 없앴습니다. 국가에서 학부모님들께 주는 보육료만 받아 부모님들의 부담을 덜어드렸습니다.

국공립어린이집과 법인어린이집들은 국가에서 지원을 많이 해 주지만, 민간어린이집은 사립이기 때문에 개인 돈으로 대부분 운영이 되어야 합니다.

그러므로 국가의 지원없는 민간어린이집과 가정어린이집들은 모두 국가에서 할 일을 대신 해 주는 곳이기도 하지요.

그러나 현실에서 민간어린이집은 영유아가 적으면 운영하기가 힘듭니다.

수십 년 전에는 학부모님들이 보육료를 직접 내고 다녔지만 그때는 입학금을 받았습니다.

그러나 수년 전부터 국가에서 보육료 지원을 학부모님들께 직접 하고부터는 우리 어린이집에서는 원아들에게 가방 등 모두 무료로 주고 입학금을 받지 않았습니다. 어려운 아이들이 다른 어린이집에 가면 특성화비, 특별활동비, 자료대, 재료대 등등 그런 것을 낼 수가 없어서 어린이집을 못 보내는 경우가 많습니다. 뿐만 아니라 남편이 아파서 아내가 돈을 벌어야 가정을 이끌어 가야 하는 집도 있습니다.

잡비 납부할 돈이 없어서 어린이집을 못 보내는 아이들이 우리 어린이집을 왔을 때 나는 이런 영유아를 보육하면서 보람을 느끼곤 했습니다.

오래 전에는 우리 어린이집도 원아들이 많았지만 저출산 시대가 되어 어린이들이 많지 않았습니다.

우리 어린이집은 시설이 다른 어린이집보다 좋지 않았습니다. 교실은 다른 어린이집과 별 차이가 없지만 학부모님들은 외부가 보기 좋은 어린이집을 선호하는 경향이 많아 그런 곳에 아이들을 맡기고 싶어합니다.

내게 돈이 있었다면 어린이집에 시설투자를 많이 했을텐데, 돈이 없어서 할 수가 없었습니다. 민간어린이집을 운영하려면 개인 자본이 많이 있어야 운영이 된다는 것을 뼈저리게 느꼈습니다.

어린이집은 매년 투자를 많이 해야 했습니다. 교구, 장남감 등을 매년 바꾸어 주어야 하고 시설도 매년 개보수 할 곳이 생기고 통학버스도 원장이 직접 운영해야 합니다. 그러나 국공립 어린이집은 정부에서 모두 지원해 주지만 민간어린이집과 가정어린이집들은 개인이 투자를 해야 하기 때문에 돈이 없으면 운영하기 힘듭니다.

저는 주위에서 헌 장난감, 교구, 블럭 등을 주어서 장난감은 풍족하여 주위에 나눠주기도 하였습니다.

민간어린이집을 운영하는 원장님들은 개인재산을 다 투자하고 가족들이 번 돈을 투자하고 그것도 부족하면 대출까지 받아서 투자한 원장들 많이 있습니다. 참으로 존경스러운 일이지요.

국가와 국민들은 묵묵히 일하는 민간어린이집과 가정어린이집 원장님들의 공로를 인정해 주어야 합니다.

수십 년 전에 정부에서 영유아보육료지원이 없을 때 7세 고아원 아이들을 저희 어린이집에 데려와 무료로 가르치기도 했습니다. 고아원 아이들은 부모님이 없기 때문에 어릴 때 유아교육시키면서 하나님 말씀을 가르쳐서 하나님을 알게 하면 하나님이 부모님 대신 도와주실 것을 알기 때문이었습니다.

벼룩시장이 사람을 살린다

어려운 아이들에게 헌옷을 구해서 영유아와 또 학부모님들까지 옷을 무료로 주다 보니 물건들이 많이 있었습니다.

어떤 학부모님은 임신복이 없어 힘들어 하면 임신복을 구해서 드리고 학부모님들의 옷을 구해드렸습니다.

세상은 심는 대로 거둔다고 많은 물건들이 남아 있어서 어려운 영유아와 학부모님들께 헌물건을 주었더니 좋아하여 보람도 있었습니다. 나는 내가 헌 물건 장사를 할 것이라고 한 번도 생각해 본 적이 없었는데, 환경이 어려우니 헌 물건 장사를 하게 되었습니다. 그런데 밑천이 별로 안 들어 쉽게 헌 물건 장사를 하게 되었습니다.

나는 원래 벼룩시장에 관심이 많았습니다. 지역사회에서 벼룩시장하면 자주 참여하였습니다. 그러다가 어린이집이 어려워지니까 운영하기 위해 적극적으로 헌물건 장사 노점상을 하였습니다. 자본이 없어도 시작할 수 있고, 집에서 쓸 데 없는 물건을 해결할 수 있으니까요. 처음에는 단체에서 주관하는 벼룩시장행사에 참석하여 헌 물건을 팔았습니다.

그러다가 평일에는 어린이집을 운영해야 하니 시간이 없어 토요일과 국경일에는 거리와 시골장을 찾아다니면서 헌 물건 장사를 하였습니다.

파는 헌 물건은 종류가 무척 많습니다.

헌옷, 헌신, 장난감, 그릇, 헌가방, 헌손톱깎이, 악세사리 등 가정에서 안 쓰는 병따개까지… 다양했습니다.

내가 등산 갈 때 입는 판초우의는 비싼 가격으로 샀지만 한 번도 입지 않고 집에 있었는데, 노점상으로 가져오는 날 바로 팔리는 것을 보고 '아, 이것이 벼룩시장의 힘이구나!' 얼마나 흐뭇하고 기쁜지 벼룩시장의 매력을 많이 느끼게 해 주었습니다.

어린이집을 사비로 운영하다보니 언제나 돈이 부족했습니다. 그래서 남에게 돈을 빌려 주라고 말할 때마다 너무 힘들었습니다. 수도가 고장 나면 수십 만 원을 만들기 위해 수십 군데에 전화를 해서 여러 지인들께 몇 만 원씩 빌려 수도를 고쳤지만 지인들도 처음에는 몇 번 빌려 주다가 내가 갚지 못하는 상황이 되었습니다.

그러자 내가 전화 하면 전화를 안 받고 나를 피하였습니다. 어떤 지인들은 무슨 돈을 빌려 주라고 하냐고 그냥 줄테니까 써라고 하는 지인들도 있었고, 돈을 어린이집에 가지고 와서 도와 주는 지인들도 있었습니다. 그 분들을 생각하면 참으로 고마운 마음입니다. 그러나 어떤 지인들은 돈이 많지만 절대 도와주지 않았습니다. 가까운 사이일수록 돈거래 하면 안 좋은 일이 생긴다고 나를 이상하게 생각했습니다.

사람이 어려울 때는 가까운 분들에게 돈을 빌려 주라고 손을 내밀지 먼 거리에 있는 분들께 손을 내밀기가 힘드는데 어떤 지인들은 나에게 어려움이 너무 오래 가자 깨진 독에 물붓기라고 하더군요. 물론 그 분들의 입장을 충분히 이해합니다. 그럼에도 나는 상처를 많이 받았습니다.

저도 아무리 친해도 계속 도와주기는 힘들겠구나 하고 이해도 하면서 내가 남에게 빌려서 하는 생활이 아니라 내가 살길을 찾아야 하겠구나 생각하다가 벼룩시장과 구제 장사를 하게 되었습니다.

내가 헌 물건 장사를 하기 시작하자 지인들이 헌 물건을 수거함에 넣지 않고 내게 주기 시작했습니다. 돈으로는 못 도와주어도 헌 물건을 팔아서 쓰라고 주는 지인들도 많이 있었습니다.

너무 고마웠습니다. 특히 우리 교회 집사님들과 권사님들께서 헌 물건을 주셔서 많은 도움이 되었습니다.

어떤 지인들은 주위 아는 분들에게 소개해서 그분들이 연락이 오기도 했습니다. 헌책도 주면 고물상에 가서 팔기도 하고 팔고 헌옷 등도 팔았습니다.

벼룩시장과 구제장사는 나이 드신 분들에게도 좋은 직업과 일거리라는 생각이 들었습니다. 버릴 물건들을 버리지 않고 필요한 분들에게 파니 버리는 분들은 돈 주고 버리고, 산 사람들은 돈 주고 사고 이런 것들이 서로 도움이 되어 나아가서는 환경정화사업도 된다고 생각 되었습니다.

또 어려운 사람들은 물물교환도 하고 내일 먹고 살 쌀이 없는 사람들도 물건을 가지고 나와서 팔면 살 수 있고 구제와 벼룩시장이 활성화 되면 경제적인 어려움 때문에 세계 1위 자살국이 된 대한민국은 분명히 자살률이 줄어 들 것을 확신하게 되었습니다.

나는 하나님이 살아 계신 것을 확실히 믿고 교회에 다니지만 교회는 예수님을 믿는 것이 가장 중요하고 또 교회는 사람들에게 많은 도움을 주는 곳이구나 하고 생각을 다시 한 번 하게 되었습니다.

어떤 청년은 부모님이 돌아가셔서 하객들이 오기 힘들 때 교인들이 도와주었습니다. 부모가 없는 청년들이 결혼할 때도 많은 교인들이 하객들이 되셔서 도움이 되는 것도 보았습니다. 사람이 살아가는데 여러 가지 도움을 주는 교회도 많은 것을 알게 되었습니다.

목사님들도 좋은 일 하신 분들도 많이 있습니다. 사명 받은 주의 종들이어서 세상사람들과는 다른 부분이 많았습니다. 교회는 영혼 구원 장소이기 때문에 중요한 장소라 생각했지만, 사람들이 많이 모이는 곳이어서 교인들도 성격이 모두 다르니까 교인들 때문에 상처받은 분들도 있지만 전 하나님 보고 교회 다니라고 설득했습니다.

중고 물건을 벼룩시장에서 팔다

나는 헌 물건들을 팔면서 많은 사람들을 만나게 되었고 이 헌 물건 판매가 사람을 살리는구나 하고 생각하게 되었습니다. 거리에서 장사를 해야 하기 때문에 눈과 비가 올 때는 장사 못하고 기상청에 확인하고 장사해도 기상청 보도와는 틀린 경우도 많았습니다.

비가 온다해도 안 올 때도 있고 비가 안 온다 해도 올 때가 있고, 비가 오면 덮을 비닐을 가지고 다니지만 작은 승용차에는 많은 짐을 실을 수가 없었습니다.

햇빛이 뜨거울 때도 파라솔도 없이 열심히 장사했습니다. 차가 작아서 파라솔 넣을 자리도 없었습니다.

더울 때는 힘들었습니다. 더위에 장사하려니 사람들이 덥다고 밖에 많이 나오지 않았고 추울 때는 춥다고 많이 사람들이 많이 밖으로 나오지 않았지만 열심히 토요일에 장사를 하였습니다.

노점에서 장사해보니 추울 때는 옷을 두껍게 입으면 되지만 더위는 힘들었습니다. 몸에 땀띠가 났습니다. 그런데 열심히 하다 보니 단골들도 생기고 헌 물건 필요한 사람들이 헌 물건을 주문도 하였습니다.

설과 추석 날만 빼 놓고 거리에 물건을 펼쳐 놓았습니다.

설과 추석 때 지인들이 주는 선물도 내가 쓰고 남는 여유있는 것은 거리에 놓고 팔았습니다.

특히 과일은 빨리 먹지 않으면 상하기 때문에 거리에 놓고 싸게 팔면 사람들이 사갔습니다.

벼룩시장은 헌 물건 뿐만 아니라 여러 가지 쓰지 않은 물건을 집안에 두지 않고 가지고 나오면 필요한 사람들이 사갔습니다.

과일 선물들이 넘치게 들어와 남아서 버리는 사람들이 수없이 많고 썩은 것들은 환경을 오염시키는 현실이 오늘 우리의 실정입니다. 벼룩시장은 정부에서 권장을 해 세계 자살률이 1위인 한국의 어려움을 당하고 살길이 없는 사람들에게 살길을 주는 길이라고도 생각도 했습니다.

설과 추석 전에는 손님이 있지만 명절 뒷날에는 손님들이 많이 없어도 명절날만 쉬고 다음 날부터 물건을 펼쳐 놓았습니다.

돈을 벌기 위해서 또 인터넷에도 승용차에 실을수 없는 물건들은 인터넷에 올려놓고 판매를 하였습니다.

제2부

사랑방 신문과 인터넷 활용하기

광주광역시 사랑방 신문은 구인 구직 등 많은 것들이 실리지만 헌 물건 등 10만 원 이하는 한 달에 10건까지 무료로 인터넷 사랑방 신문에도 올릴 수 있도록 광주시민들에게 혜택을 주고 있습니다.

얼마나 고마운지 숨은 곳에서 일하는 기관이 사랑방 신문이구나 하는 생각도 하였습니다.

특히 구제 사이트 당근은 많은 도움을 주었습니다. 정부에서는 구제 인터넷 사이트인 당근과 사랑방신문 등에 많은 지원과 도움과 관심을 갖고 상을 주어야 하지 않을까도 생각했습니다.

환경사업에도 도움을 주고 국민들에게도 도움을 주고 저 밑바닥에서 살 길이 없는 사람들에게도 물건을 사고 팔수 있는 사이트여서 도움이 되고 또 집에서 필요 없는 물건들도 매매가 되고 할 일없이 있는 사람들도 사랑방과 당근 사이트에서 물건들을 사고 팔 수가 있어서 도움이 되었습니다. 그러나 나이 든 노인들과 인터넷을 못하는 사람들은 이런 사이트를 활용 못하는 것이 안타까웠습니다.

핸드폰으로도 얼마든지 할 수 있고, 배우면 됩니다. 내가 초등학교 다닐 때는 '아는 것이 힘이다'라고 학교 교무실 뒤에 크게 붙어있었는데 '나는 인터넷을 난 할 수 있어 어려울 때 도움을 받는구나' 생각했습니다. 내가 열심히 공부한 것이 헛것이 아니구나 생각하고 하나님께 감사했습니다. 교무실 앞에 붙어있는 '아는 것이 힘이다' 이 내용을 중요한 글이라 생각하고 다시 한번 하게 했습니다.

저는 신학교와 대학을 11군데 졸업을 했습니다. 많은 학교를 졸업하면서 공부는 젊을 때가 잘 외워지고 초등학교 때 외운 것을 지금까지 기억하는 것을 보면 공부는 젊을수록 더 열심히 해야 한다고 생각했습니다. 나이 드니까 외우는 일도 점점 힘들어지더군요. 그러나 공부는 죽을 때까지 해야 한다고 생각해 보았습니다.

타자기가 컴퓨터로 바뀌고, 주산도 전자계산기로 바뀌고, 세상은 바뀌어 가는데 세상을 살아가려면 평생 배워야 합니다. 전 결혼 안 하고 혼자 살지만 공부를 안 했다면 컴퓨터를 배우지 않았다면 인터넷 구제장사가 힘들었겠지요. '아는 것이 힘이다'라고 자꾸만 이 말이 나를 깨닫게 했습니다.

나이 65세 넘으면 학교라는 테두리 안에 들어가서 졸업하랴, 시험 보랴, 공부하랴, 스트레스 받다가 졸업할 때 공부한 것 써 먹지도 못하고 스트레스로 사망한 분들이 있던데 나이 들면 틀에 들어가지 말고 공부를 학원이나 복지관이나 노인센터 등에 가서 자연스럽게 공부하는 것이 정신과 육체건강에 좋다고 생각합니다.

요즘은 단체에서도 벼룩시장 행사를 많이 하더군요. 벼룩시장은 환경사업에도 도움을 주는 곳이라고 생각을 했습니다.

이런 곳들이 광주광역시 시민들을 위해서 진정으로 일하는 곳이구나 하는 생각도 해 보았습니다. 당근과 사랑방 신문에 감사한 마음을 가졌습니다.

광주광역시 시청에 '시장에게 바란다'에 '사랑방 신문은 상을 주어야 하는 곳이다'라고 올리기 까지 했습니다. 청와대 청원에 인터넷 사이트에 당근도 상을 주어야 한다고 건의하기도 했습니다.

벼룩시장의 어려움

헌 물건을 팔면서도 여러 가지 어려움이 많았습니다.

민간이 주도하는 벼룩시장 행사에 가면 춥고 덥고 힘들고 하루 종일 장사를 해도 많은 돈을 벌지 못하지만 대부분 후원금을 요구했습니다.

민간단체에서 금액을 정해 요구하지는 않지만 힘든 경우도 있었습니다. 물건이 잘 팔리면 몰라도 안 팔릴 때가 많았기 때문입니다.

어떤 날은 하루 종일 천 원어치를 판 적도 있었고 6천 원어치만 판 적도 있었습니다.

민간들이 운영하는 벼룩시장 행사에는 자릿세를 요구하는 경우도 있고 후원금을 빈 유리함을 만들어 놓고 적게 돈을 넣으면 지켜보고 있다가 적게 넣는다고 하는 경우도 있었습니다.

또 시골장에 가서 남의 가게 앞에 주인에게 허락을 맡고 헌 물건 장사를 하는데 어떤 주인들은 장사 잘해서 힘내라고 도와 주는 분들도 많이 있지만 어떤 분들은 절대 못하게 하고, 처음에는 허락했다가 나중에는 먼지가 난다고 가게 앞에서 하지 말라고 먼지가 난다고 못하게 하는 경우도 있었습니다.

토요일만 여는 재래시장 야시장에 가서 집주인에게 허락받고 장사를 하는데 야시장 주최측에서 주최측의 허락을 안 받고 한다고 물건들을 한쪽으로 치워 버리는 경우도 있었고, 주차 등도 힘들었습니다.

어쩔 때는 구청에서 단속을 해서 장사를 못하게 하는 경우들도 많았습니다. 물건을 내려놓고 다른 곳에 차를 주차 시키고 와야 하고, 물건을 실을 때 또 차를 가져 와야 하고, 그렇지 않으면 주차위반으로 벌금이 나오기 때문에 또 어떤 분들은 물건을 가져와서 물물교환을 하자고 하는데 물물교환을 못해 준다고 하였습니다.

벼룩시장에서는 물물교환이 가능하겠지만 저는 구제장사하는 노점상이기 때문에 1분 해주면 다른 분들도 해주라고 하고, 저는 현금이 필요했습니다. 더울 때 부치는 부채는 약국이나 병원 등에 가면 1개씩 주면 난 1개만 필요하니까 남은 것을 버려야 하는데 노점상에 두면 사람들이 사갔습니다. 나는 노점상을 환경정화사업이구나, 장사하면서 환경사업한다는 맘을 가지니 일하는 것이 기쁘고 재미있고 즐거웠습니다.

외상보다 현금 장사

나는 현금이 필요한데 물건을 가지고 와서 거리에 나와서 물건 교환하자고 하면 현금이 안돌아가기 때문에 그런 분들에게는 이해하도록 말을 잘 해 주었습니다.

어떤 분들은 외상으로 가지고 가고 다음에 오지 않는 분도 여러분 있었습니다. 그 후로는 외상은 잘 안 주었습니다. 그 후로 벼룩시장에서의 현금거래는 불문율이 되었습니다.

벼룩시장은 현금을 받을 수 있기 때문에 좋았습니다.

구제장사도 교환을 해 주지 않는 것을 원칙으로 삼았습니다. 다른 곳에서 사놓고 나에게 샀다고 하는 분들도 있고 처음에 판 가격도 기억하기 힘들었습니다. 그리고 헌 물건을 파는 벼룩시장의 특성상 고급화된 브랜드가 아니고 무척 싼 물건들이기에 외상이란 있을 수 없었습니다. 또 공원에 돌아다니는 노숙자에게 헌옷 등과 이불을 도와주었지만 나도 장사를 해야 하니 모든 노숙자들을 도와 줄 수는 없었습니다.

어린이집 운영을 하려니 열심히 헌 물건을 팔았습니다. 영유아들은 적고 운영은 해야 하고 컴퓨터, 세탁기, 냉장고 등 고장이 나면 사야하는데 남들이 주면 어린이집 물건들이 고장날 때 대체하기 때문에 구제 장사가 어린이집 운영에 많은 도움을 주었습니다.

누군가가 물건을 준다고 해서 광주 끝까지 기름값 들여서 물건을 가지러 가면 아이 옷 몇 개만 주는 경우도 있었습니다.

그러면 기름 값도 안 나오지만 고맙다고 가져왔습니다. 지인들이 물건을 준다고 할 때 안 가져 가면 다음에는 안 줄 것 같아서 사람을 만나는 것만으로도 감사한 마음을 갖습니다.

모든 일에는 장단점이 있지만 그래도 헌 물건 장사는 보람이 있었습니다.

대학진학과 여가선용

나는 결혼을 안했기 때문에 어린이집 출근을 안 할 때는 일이 많아서 적적함을 못 느끼고 또 하나님을 믿기 때문에 기도하고 성경도 보고 하다보면 시간이 금방 가는데 연휴가 길 때는 심심할 때가 있었습니다.

산을 좋아해서 등산을 가거나 또 책을 좋아해서 도서관에서 책을 빌려 항상 책을 곁에 두고 살지만 책을 많이 읽다 보면 머리 아플 때는 산책도 나가야 했습니다.

어린이집과 교회만 알다가 구제 장사를 하면서 많은 사람들을 만나서 그 사람들의 살아오는 과정을 들으면서 많은 세상을 배웠습니다.

나는 기독교인이기 때문에 하나님을 믿으니 외롭지는 않지만 내가 여유시간을 어떻게 활용할까 생각하는 경우가 생겼습니다.

나는 신학교와 대학을 합해서 11군데 졸업했습니다. 공부할 때는 시간이 어떻게 가는 줄 몰랐습니다. 어떤 대학은 야간에 다닐 때도 있었고 통신으로 다닐 때도 있었는데 대학원과 신학 박사학위 공부할 때는 수년 동안 날마다 학교에 안 가도 되기 때문에 서울까지 학교를 다니기도 하였습니다. 심야고속버스를 타고 다녔습니다. 이렇듯 일하면서 공부를 하니 시간 가는 줄 몰랐습니다.

요즘 야간 대학과 야간 고등학교 등이 많이 없어졌는데 야간대학 운영도 아주 중요한 정책이라고 생각합니다.

대학을 다닐 형편이 안 되는 사람들이 일하면서 대학을 다니면 삶의 의욕도 생기기 마련입니다. 그러므로 야간대학도 있어야 한다고 생각합니다.

요즘은 인터넷 대학 등도 많아서 배우기를 원하는 분들에게는 많은 도움이 되지만 대학에 가서 좋은 친구들과 교수님들도 만나니 시간이 어떻게 가는 줄 모르고 열심히 학교에 다녔습니다.

고등학교 때는 쌍둥이 2명을 과외하면서 학교를 다녔습니다. 과외비를 받아서 남으면 부모님께 용돈을 드렸습니다.

요즘 학생들은 부모님들께 모든 돈을 받아서 학교에 다니지만 의욕만 있다면 부모님께서 사정이 안 좋아 대학을 못 보내면 스스로 벌어서 학교에 다니려면 길이 있다고 생각됩니다. 학자금 대출제도 등이 있어서 학자금대출을 받아서 대학을 다녔습니다.

전도하는 사람

점점 저출산의 영향으로 원아들이 적게 모집이 되자 은행이자가 밀리기 시작했습니다. 그래서 헌 물건 장사를 하면서 사람들을 많이 만나고 손님이 뜸할 때는 책을 읽고 사람들에게 예수님 믿으라고 교회신문과 전도지를 사람들에게 전달하고 매우 재미가 있었습니다.

2018년 11월, 교회에서 연락이 왔습니다. 광주순복음교회에서 전도상 2등이 되었다는 것입니다. 저는 상을 받으려고 전도한 것도 아니었습니다. 살아계신 하나님을 전하기 위하여 열심히 전도했는데 상까지 준다고 할 때 감사했습니다. 나는 살아계신 하나님을 당연히 전하는 것인데 상까지 주자 내가 헌 물건 장사를 안했으면 거리에 나가서 예수님 믿으라고 전도지 뿌리기가 힘들었을텐데 하면서 하나님께 감사하는 맘을 가졌습니다.

손님이 없을 때는 벼룩시장 구제 장사 하는 곳 바로 앞이 버스 정류소여서 버스를 기다리는 분과 행인들께 우리 교회 신문을 전달하였습니다.

집에서 오랫동안 책을 보면 머리가 아프니 밖에 나와서 바람을 쐬고 걷기 운동도 해야 하는데 헌옷 장사를 하니 돈을 벌면서 책도 읽고 전도도 하며 무료한 시간을 해결하니 여러 가지로 도움이 되었습니다.

노숙자에게는 헌옷을 무료로 주었지만 많이 줄 수는 없었습니다. 나도 장사를 해야 하기 때문입니다. 그런데 어떤 노숙자는 헌옷을 안 주면 길에서 장사한다고 구청에 고발 해 버리겠다고 협박하기도 하였습니다.

벼룩시장을 하다보니 별일이 많이 있었습니다.

나는 주말에만 장사를 했지만 어떤 분은 평일에 장사하다가 노점상 단속에 걸려 물건들을 다 실어 가 버리기도 했습니다. 그분들에게는 생사가 달린 물건들인데 불법노점상이라는 이름으로 모든 것을 가져가버리는 단속반의 모습이 무척 안타까웠습니다.

여성이 행복한 나라가 되어야

갈수록 혼자 사는 사람들이 늘어나니까 그런 사람들은 사람을 만나 이야기하기를 원합니다.

혼자 사는 것도 장단점이 있지만 좋은 점이 더 많다고도 생각해 보았습니다.

여러 가지 환경 등으로 인해서 혼자 사는 사람들이 늘어나고 있어 정부에서도 많은 연구를 하여 많은 청년들이 결혼할 수 있는 정책도 만들어야 한다고 생각합니다.

세상에는 불쌍한 사람들이 너무 많습니다.

결혼생활을 행복하게 사는 사람들이 별로 없었습니다. 결혼생활은 즐거운 것이 아닌 것이구나 하고 생각해 보았습니다.

대부분 여성들의 말을 들어보면 자식 때문에 참고 산다는 것이었습니다. 우리나라를 지키는 것은 여성들의 자식사랑의 힘에도 많은 영향력이 있었습니다. 자식들은 엄마에게 효도해야 한다는 생각도 하였습니다.

어린이집을 하면서 부모님들이 자식들에게 많이 희생하는 것을 보며 부모님들께 효도를 해야 한다고 생각했습니다.

물론 남성들도 고생을 많이 하고 있지만 한국의 여성들은 남편 때문에 힘들게 사는 여성들이 생각보다 많았습니다. 남편이 돈은 벌어주지만 정신적으로 힘들게 하고 돈을 안 벌어와 여성들이 돈을 벌기 위해 삶의 현장으로 내몰리는 가정도 많았습니다.

그러나 가족이 행복하려면 집안의 안주인인 여성이 행복해야 합니다. 지금까지 우리나라는 가부장적 사회이다보니 여성들이 핍박받고 희생을 강요하는 경우가 많았습니다. 하지만 이제 시대가 변했습니다. 남성과 여성이 평등한 세상이 왔습니다. 여성들도 인격을 가진 어엿한 사람입니다.

그리고 생각해보면 이 세상 모든 사람들은 '어머니'라는 여성이 있기에 존재합니다. 이제 여성들의 삶을 위로하고 칭찬해야 합니다. 그렇게 되면 여성 뿐만 아니라 가정이 행복하고 우리 사회가 행복해집니다.

나라에서 결혼할 수 있는 환경 조성해야

어떤 여성들은 결혼 안하고 사는 나를 부러워하기 까지 했습니다.

그러나 저출산으로 국가가 어려워지는데 출산률을 높이는 방법으로 여성들이 결혼을 선호해서 아기를 낳게 해야 합니다. 그러기 위해서는 한국 남성들의 여성에 대한 태도와 생각이 많이 변화되어야 하지 않을까 생각해 봅니다.

그리고 결혼식도 비용을 들이지 않고 교회나 구청이나 기관과 기업을 이용하여 목사님 기도로 아내와 남편 두 사람만 있는 가운데 결혼을 하는 사회의 흐름도 만들어져야 합니다. 그것도 힘들면 혼인신고만 하고 살면 되는데 결혼식 비용과 부모님의 반대로 서로 사랑하는 청춘남녀들이 어려움에 빠지는데 이런 것도 남녀가 잘 생각하여 혼인신고 하고 살면 나라에서 도와주면 출산율도 늘지 않을까 생각해 봅니다.

결혼식을 하기 위해 돈도 많이 들고 복잡한 절차 등등 이런 것들이 형식인데도 부수적인 것 때문에 결혼식이 늦어져서 나중에서 문제들이 만들어 지고 헤어지고 결혼을 포기하게 됩니다. 그러다 보면 사회문제가 되고 젊은이들이 곁길로 나가고 자살사건도 생기고 살인사건도 생기고 정신병도 걸리는 경우도 있으니 결혼식을 간단히 할 수 있는 제도를 정부나 사회에서 만들면 더욱 출산이 확산되지 않을까 생각해 보았습니다.

신혼부부에게는 살 집도 정부에서 지원해 줘야 합니다. 집 때문에 결혼을 못하는 청년들이 많이 있기 때문입니다. 얼마전 저출산 설문조사에 1위에 여성들이 직장과 영유아를 2가지를 병행하기 힘들다라는 의견이 많았습니다. 직장과 영유아를 함께 돌볼 수 있는 제도를 정부에서 하루빨리 연구해서 만들면 저출산도 줄어들지 않을까 하는 생각이 듭니다.

요즘은 자녀를 한두 명 낳기 때문에 딸만 있는 가정은 부모님을 딸이 부양해야 하고 거기에 따른 물질도 필요하고, 그러면 여성들이 결혼해도 직업을 가져야 하는 경우도 많습니다. 나라에서도 사회의 흐름을 잘 알아서 제도들이 만들어져야 한다고 생각합니다.

부부가 혼인신고만 하고 잘 살면 되는데 돈이 없어서 결혼식을 못하고 세월만 흐르다가 문제들이 생기는 경우가 있습니다. 구더기 무서워 장을 못 담는 것 같이 형식적인 것에 얽매어 문제가 생겨서는 안 됩니다. 형식적인 결혼식 비용도 오히려 집 구하는 곳에 투자하면 오히려 효과적인 투자이고 왜 쓸데없는 형식적인 것에 없애는지요.

갈수록 미혼모들이 늘어나 사회문제가 되고 있습니다. 아기를 낳아서 기르지 못하는 여성들이 베이비박스에 아기를 넣어 놓고 가는 것을 TV를 통해 보았습니다. 청소년들이 아이를 몰래 출산해서 베이비 박스에 갖다 넣는 것도 현실입니다. 그러므로 청소년들에게 성교육을 잘 시켜야 합니다.

청년들이 부모님들의 반대로 결혼을 못해서 불행해지는 경우도 많이 있습니다. 부모님들도 남녀가 좋아하면 결혼하도록 도와 주어야 하는데 그런 문제점 등도 나라에서 관여하여 도와주어야 결혼이 늘어나서 저출산이 조금이나마 줄어들지 않을까요.

사람들이 살아가는데 형식적인 문제점 등을 하나하나 깰 때 결혼도 많이 하고 아기도 많이 낳을 것이라고 생각합니다.

행복한 가정을 위하여

맞벌이 할 때는 집안 일을 같이 하고, 여성이 벌고 남편이 실직했을 때는 남편이 집안 일을 같이 해야 합니다. 그러다 보면 남성들이 가정에 더 적응이 될 것입니다. 그리고 남자가 꼭 돈만 벌어야 된다는 관념도 갖지 말고 실직할 때는 가정에 적응하는 지혜를 갖으면 더 가정이 화목해지지 않을까요?

사람이 살다 보면 여러 가지 어려움을 당합니다. 남자들은 돈을 못 벌면 기가 죽어 고개 숙인 남자가 되고 남자들도 그러면 안 된다고 생각합니다. 당당하게 일을 찾고 살아갈 길을 찾아야 하겠지요.

부부가 아프면 서로 도움을 주어야 하는데 아프다고 외면하면 자살률도 늘어나고 사회문제도 생기고, 가족도 남자들이 고개숙인 남자가 되지 않도록 도와야 합니다.

아내가 아프면 집안 일을 남편이 해야 합니다. 그러기 위해서는 미리 집안 일을 배워 놓으면 좋지 않을까. 또 아내가 먼저 세상을 떠나면 남편이 혼자 살아가야 하니 혼자 살아가는 법도 배워야 합니다.

어떤 가정은 아내가 갑자기 아파서 병원에 입원하자 해 놓은 밥을 밥통을 여는 법을 남편도 모르고 자녀들도 모르고 가족들이 굶고 학교나 직장에 가는 일이 벌어진 것을 들어 보았습니다.

가사 일은 가족이 서로 도우면서 배우면서 살아가야 하지 않을까요? 여자는 무조건 부엌에서 일하고 자녀 교육도 여자 책임이고, 요즘은 돈까지 같이 벌어야 가정경제가 유지되고 있습니다. 갈수록 남자 혼자 벌어서 가정경제가 힘들어 지는 시대이기 때문입니다.

가정에서도 자녀를 한두 명만 낳기 때문에 자녀들도 혼자 살아가는 법도 배워야 합니다.

우울증이 없는 나라

나는 장사하면서 많은 사람들을 만나면서 많은 것을 배웠습니다. 그런데 깜짝 놀란 것은 우울증 환자들이 너무 많다는 사실입니다. 특히 여성들이 더 많았습니다. 가정에서 가족과 남편이 스트레스를 여성이 많이 받기 때문이라 생각합니다. 핵가족으로 말미암아 혼자 사는 사람들도 많고 우울증 환자들을 돌보는 가족들이 없으니 더 심해지고 사회문제가 크다고 생각했습니다.

수급자들은 일을 하면 수급자의 자격이 탈락되기 때문에 일을 하면 수급비가 줄어들거나 탈락되는데 일자리가 하루아침에 실직할 수도 있고 사업장 부도로 일을 할 수 없게 됩니다.

그러므로 수급자는 안정되게 조금이라도 돈이 나오니까 배는 안 고픈데 차라리 일 안 하고 안정되게 조금이라도 수급비를 받고 사는 것이 낫다는 말을 들을 때 정부 정책도 바꾸어 져야 한다고 느꼈습니다. 수급자들이 돈을 벌어 혼자살수 있도록 저축이 되어 있을 때 수급자를 탈락해야지 일만 하면 수급자 탈락과 수급비를 삭감시키는 것은 올바른 정책이 아니라고 생각했습니다.

수급자가 매월 나오는 돈으로 생활하기 힘듭니다. 의료비도 무료라 하지만 모든 의료비가 무료가 아닙니다. 간병비 중에도 개인이 부담하는 간병비도 있고, 따로 조금이라도 벌 수 있도록 해주는 것도 정부에서 도와주어야 한다고 생각합니다.

사람은 일을 해야 삶의 의욕이 생기는데 하루 종일 놀아야 하는 수급자들도 참 안되었다고 생각했습니다. 몸이 많이 아프면 어쩔수 없이 일을 못하지만 장애자들도 할 수 있는 일을 찾으면 많은데 무조건 놀아야 수급비가 나오니 하루 종일 놀면 무엇을 하겠습니까.

그렇지 않은 분들도 많지만 잘못하면 노름을 하던지 주위에 보면 노는 사람 수십 명들이 곳곳에서 윷놀이 노름을 하는데 하루 수십만 원 잃기도 하고 따기도 한다고 들었습니다. 공원 등에 나가서 하루 종일 앉아 있든지 아니면 노인들 춤추는 곳에 가던지 가서 남녀가 만나서 문제가 생기는 경우도 있습니다. 구청에서 여러 가지 노력을 하지만 노는 수급자들이 좋은 방향으로 시간을 보낼 수 있도록 정부에서도 많은 노력을 해야 한다고 생각합니다.

무료 노래방도 운영하여 노는 수급자 장애인들이 건전하게 시간을 보내야 정신적으로 건강하게 지낼 수 있는데 어떤 장애인은 “죽고 싶다”라는 말을 하기도 하였습니다.

벼룩시장은 우울증 환자들이나 장애인들도 할 수 있는 일이라고 생각했습니다. 외국에는 공원 등등에서 벼룩시장을 매주 요일을 정해서 국민들이 헌 물건을 가지고 나와 서로 소통하고 물물교환하고 싸게 사기도 하고 팔기도 하는데 한국은 왜 이런 제도가 발전되지 못할까 하고 생각도 해 보았습니다.

이런 제도들을 많이 만들면 삶의 의욕도 생기고 자살률도 줄어들지 않을까 하고 생각도 해 보았습니다.

돈이 많은 또 어떤 분들은 집에 가만 있으면 우울증이 오니까 일을 해야 정신건강에도 좋다고 하시는데 이 말씀들이 맞다고 생각합니다. 돈을 벌어 불쌍한 사람들을 돕더라고 정부정책이 일하고 싶은 분들은 시간제라도 일을 하게 해 주어야 합니다. 요즘 노인 일자리 정책은 정부에서 잘한 정책이라는 생각이 듭니다. 일주일에 3일이나 2일 일하면서 사람들도 만나도 용돈도 조금이라도 벌 수 있으니 '일석이조'가 될 것입니다.

제3부

모두가 행복한 나라를 위하여

편한 옷을 입고 일하는 것이 사회화 되듯이 기업에 근무하는 여성들도 유니폼을 꼭 입어야 한다는 관념도 깨어져야 한다고 생각합니다.

왜 여성들은 치마로 된 유니폼을 입어야 하는지 이것도 깨어져야 합니다. 잘못된 제도와 형식은 아니라고 생각했습니다.

혼자 살면 매우 편한 것도 있지만 한 번씩 사람과 대화하고 싶을 때도 생깁니다.

갈수록 혼자 사는 가구가 점점 늘어나고 독거노인도 늘어나고 앞으로 몇 년 후에는 혼자 사는 사람이 엄청 늘어난다고 하던데 자녀들이 클수록 주부도 혼자 하루종일 일이 없이 집에서 천장만 보고 있으면 우울증도 생길 수 있고 치매도 빨리 올 수 있기 때문에 일을 해야 하는데 이 벼룩시장은 자연스럽게 사람을 만나게 하는 장점도 있습니다.

사람을 만나려면 돈이 있어야 하고 돈을 벌면서 사람도 만나면 개인경제도 좋고 가정경제도 좋아지고 정신적으로도 좋고 나아가서 나라도 좋아집니다. 혼자 사는 것은 장점도 많이 있지만 또 단점도 있는데 이런 점은 잘 대처하는 방법도 알아야 한다고 생각합니다.

우리나라 사람들은 노인들이 일을 하면 자식들이 나이 든 부모님을 돈 벌러 나가게 한다고 손가락질을 하는데 잘못된 생각입니다. 정말 부모님을 위한 자식들이라면 부모님께서 일을 절대 안한다고 하는데 억지로 일을 하라고 하면 그것은 아니지만 하루나 며칠이라도 몇 시간씩 부모님이 일을 하시도록 하는 것이 좋은 생각이라고 생각합니다. 그래야 치매 등 우울증 예방도 되고 사람들을 자연스럽게 만나게 되어 정신이나 육체적으로 건강하게 됩니다.

집앞에서도 안 쓰는 헌물건과 남은 음식 먹을 것을 내놓고 판매하는 제도도 만들면 쉽게 이웃과 소통하기도 쉽고 버리는 음식을 벼룩시장에 가지고 나오면 필요한 분들께 무료로 주어도 되고 싸게 팔아도 되니까, 필요한 분들께 많은 도움이 됩니다.

요즘 밖으로 나와서 하는 포겟몬고라고 하는 게임이 유명하던데 벼룩시장은 사람을 밖으로 나오게 하여 주민간에 소통도 되게 하고 좋은 점이 많습니다.

내가 익은 김치를 여유가 많을 때는 버려야 하는데, 인터넷이나 구제장사 한 곳 옆에 두면 모두 팔리고 주문까지 들어옵니다. 혹시 또 나오면 주라고 연락처까지 알려줍니다. 제가 장사하는 주위에는 영구임대아파트가 많습니다. 장애인 등 어려운 사람들이 많아서 이런 것도 잘 팔리고, 이럴 때 버리면 환경이 오염될텐데 필요한 사람들이 많구나 생각했습니다.

어떤 나라에서는 지방자치에서 노래방을 만들어 주어서 주민들이 노래방에 와서 서로 소통하고 노래도 부르니까 자살률도 줄어들고 국민들의 삶을 좋게 하는데 효과가 있었다고 티브이에서 본 일도 있습니다.

벼룩시장과 주민들이 노래방 등등 만들어 이런 공간을 지방자치에서 만들어 주면 좋지 않을까도 생각해 보았습니다.

혼자 사는 사람들이 갈수록 늘어나는데 이런 정책과 대책들도 연구해야 한다고 생각합니다.

정부에서 나이 들어도 몸만 건강하면 일할 수 있는 장소도 만들어 주고 노는 것보다 일하면서 사람을 만나는 것은 돈도 벌고 사람도 만나고 움직이니 건강에도 좋고 이런 제도를 많이 정부에서 권장해야 한다고 생각합니다.

벼룩시장이 활성화되어야

어떤 단체에서 주관하는 벼룩시장에 참석한 적이 있는데 부모님들은 옆에서 구경하고 자녀들은 헌 물건 장사하는 것을 보면서 자녀들에게 경제교육과 이런 것도 하게 하여 환경사업에 동참도 하게 하였습니다. 오늘 번 것으로 저녁식사를 사게 하는 등 자녀교육 차원에서 일부러 참석했다고 하더군요. 참 훌륭한 부모님들이시구나 생각했습니다.

돈이 많다고 자녀들에게 무조건 돈을 많이 주면서 지내게 하지 말고 일을 하게 하면 대가로 용돈을 주고 집안 청소도 도우면 용돈을 주면서 일하는 즐거움과 성취감도 돈의 중요함과 자립심과 일터에서 사람들과 만나 소통하게 하고 일을 하면 좋은 점도 많이 있다고 생각합니다.

어떤 유학생이 IMF로 아버지의 사업이 부도가 나서 돈을 보낼 수 없으니 네가 살아갈 길을 알아 보라고 전화가 와 학교 기숙사에서 살 수 없게 되어 하루아침에 노숙자 신세가 되었다고 합니다.

아버지가 비행기 표값이라도 보내야 내가 한국에 갈 것이 아니냐고 하니까 항공료를 보낼 돈도 없다고 해서 하루아침에 죽느냐 일할 곳이 생기느냐 하면서 직업이 생겨 살아났다고 하는 것을 들었습니다.

사람이 살아가면서 하루아침에 무슨 일이 일어날 지 모릅니다.

자녀들도 하루아침에 부모님들에게 무슨 일이 생길지 모릅니다. 교통사고 등등 몸이 아파서 사망할 수도 있습니다. 어떤 여성이 그러더군요. 어릴 때는 부모님들이 모든 것을 다 해 주고 돌보아 주고 결혼하면 남편이 다 돌보아 주고 나이 들면 자녀들이 해 준다고 생각하고 세상을 살았답니다. 그런데 이혼을 하자 혼자 벌어 자녀들과 살아가야 할 것은 생각도 못한 것이라고 자녀들에게도 독립심을 키워주는 교육이 중요하다고 하더군요.

헌 물건 판매 행사는 민간에만 맡기지 않고 정부도 하고 민간도 하고 양쪽에서 다 해야 한다고 생각합니다.

민간에게 맡기면 단체나 개인의 이익을 얻기 위하는 것으로 흐르기 쉽습니다.

물론 그렇지 않은 단체도 많이 있지만 벼룩시장은 정부나 지자체에서도 하고 민간에서도 하고 양쪽이 다 해야 한다고 생각합니다. 정부에서도 민간에게만 미루지 말고 정부나 지자체 사업으로 늘려야 합니다.

이 사업은 국민들에게 자립심도 길러주고 살길이 없는 막다른 길에 서면 길에서 헌 물건들을 가져다 놓고 팔더라도 자살하는 것을 방지 할 수도 있다는 것입니다.

주위에서 돈은 못 도와 주어도 안 쓰는 물건들은 줄 수도 있는 것이 아닌가요. 그 물건을 길에서나 인터넷에 놓고 팔게 하라는 것입니다.

지자체에서 벼룩시장 하라고 민원을 넣으면 민간인들이 해야 한다고 공무원들이 말을 하더군요.

그러나 지자체에서도 하고 민간도 하면 민간들이 하는 단점을 보완할 수도 있고 민간들이 하면 지자체에서 하는 단점을 보완할 수도 있고 같이 하여야 합니다.

벼룩시장을 하다보면 사람들이 집에 옷이 너무 많은데 자원에 가져가면 돈을 너무 적게 주어서 아까워서 집에 걸어 놓고 있다고 하시는 분들이 있습니다.

비싼 옷들을 벼룩시장으로 들고 나오면 필요하신 분들이 사게 된다고 나오시라고 하면 길에서 장사는 못하겠다고 하더군요.

그러나 정부에서 홍보를 하여 공원에서 벼룩시장 행사를 하면 많은 분들이 오셔서 필요하신 분들에게 팔거나 물물교환하거나 주기도 할 것입니다.

특히 공원이 좋을 것 같더군요. 날짜와 시간을 정해서 공원은 많은 사람들이 사람들과 소통하고 이야기 하고 운동도 할 수 있어 장소도 아주 적당합니다.

국민들의 정신의 변화를 누가 앞장서서 해야 할까요. 정부의 지도

자들이나 지자체 장들이 해야 한다고 생각합니다.

기업의 대표님들도 해야 하고, 돈이 있는 분들은 집에 쌓아둔 안쓰는 헌 물건 팔아서 어려운 분들을 도우면 되고요.

갈수록 노령화가 확대되고 건강하게 백세까지 사는 분들이 늘어나고 일을 하게 하면 의욕도 생기고 창의력도 길러서 국가 발전에 도움도 되고 그리고 나이 드신 분들은 비싼 옷을 안 입어도 되겠지요.

헌 옷 장사 하면 나이 드신 분들이 많이 옵니다. 살 날이 얼마 안 남았는데 비싼 새옷을 왜 사서 입냐고 하더군요, 저도 그 생각이 맞다고 했습니다.

새로운 인식으로 바라보는 세상

한국의 자살률이 세계 1위라고 합니다.

돈이 있어도 자살하는 사람, 돈이 없어서 자살한 사람, 국가의 정책이 얼마나 중요한데, 저출산도 마찬가지이고 아이들은 빠른 속도로 크기 때문에 새옷을 안 입히고 헌옷을 입혀도 됩니다.

돈이 없는 부모들은 어려우니까 아이들과 동반 자살하는 경우도 많아, 벼룩시장이 활성화 되면 헌옷을 구해서 입히면 돈도 얼마 들지 않습니다.

한국에 사는 사람들에게 정신적으로 일깨어 주어야 한다고 생각합니다.

길에서 자리를 깔아놓고 헌 물건 장사를 하자 지인들 중에는 열심히 산다고 칭찬하는 사람들도 있고 어떤 지인은 왜 길에서 어린이집 원장과 전도사와 교수까지 한 사람이 헌 물건 장사를 하느냐고 합니다.

내가 그랬지요. 나에게 도움 되는 말만하지 나에게 왜 헌 물건 장사 하냐는 말은 하지 말라고 했습니다.

환경사업한다고, 좋은 일 한다고 맘을 먹고 물건을 팔면 되지요.

왜 헌 물건 장사를 가게에서 구제 장사를 하면 좋게 보는데 돈 없어서 살길이 없어서 하는 노점상들을 우리나라 사람들은 이상하게 보는지, 천하다고 생각하는지, 외국에는 '직업에는 귀천이 없다'고 하는데 한국사람들은 체면, 형식 등을 밝히는지 정신을 바꾸어야 합니다.

상황이 어려워서 길에 나와 장사하는 사람들은 모두 남에게 손 안 내밀고 일해서 정당하게 살려고 하는데 왜 주위 분들은 이상하게 보는지 모르겠습니다. 내가 진작 이 헌 물건 장사를 했으면 몇 만 원이 필요할 때 지인들에게 손 내밀지 않았을 것인데, 헌 물건 장사를 빨리 하지 않았던 것이 후회가 됩니다.

우리나라 젊은 사람들은 남들 보기 편한 일만 하려고 하니 자살률이 늘어나고 부모님들은 궂은일을 하려고 돈 벌려고 나가는데 젊은 자식들은 집에서 놀면 안 되겠지요.

내가 노점상 하면서 본 옆에서 장사하는 청년은 대학을 나와 결혼한 지 몇 년 안 되었습니다. 그 청년은 식물을 연구하고 식물이 어떻게 하면 잘 자라는지 연구하는 것인데 갇혀서 일하는 것이 적성에 안 맞아 트럭 한 대를 샀다고 합니다. 그리고 야채와 생선 등을 팔러 길에 펼쳐 물건을 놓고 판매하니 살 것 같다고 하더군요. 이런 정신을 가진 청년들이 늘어날수록 대한민국은 앞길이 밝지 않을까요.

자기 적성에 안 맞으면 맞는 일을 찾던지 어려우면 노점상이든 막일 등등 무슨 일이라도 해야 되겠지요.

자녀에게 독립심을 심어줘야

자녀들이 남의 눈을 의식하지 않고 자신의 적성에 맞추어 일을 찾아서 하도록 길러야 합니다.

자식들에게 독립심을 길러주는 교육을 아주 중요하다 생각합니다.

어려움을 이겨나갈 수 있는 교육이 독립심 교육이 아닐까요? 온실에서 키운 것만이 자녀를 사랑하는 것이 아니기 때문입니다.

자녀를 사랑한다면 학교 다닐 때도 용돈을 벌수 있도록 교육하는 것도 중요하므로 공부만 잘하는 것만이 능사가 아닙니다. 사람이 살아가는 힘을 길러 주는 것도 아주 중요한 일이라고 생각합니다.

자식들이 어려우면 부모님과 주위에서 도와주는 것은 당연하지요. 그러나 아예 일은 하지 않고 부모님께 의지만 하려는 자식이 있으면 안 되지요.

어떤 부모님은 자식들이 대학을 다니면서 시간제 일을 하면 일하지 말고 공부해서 좋은 직장을 구하라고 합니다.

그러나 공부만 하다가 어려운 일을 당하면 견디기가 힘들고, 공부만 하다가 원하는 직장에 못 들어 가는 경우가 있습니다. 알바 안하고 공부 많이 해서 성공한 학생들도 있지만 사람은 항상 어려움을 대

비해서 자녀교육 시키는 것이 더욱 중요한 것이 아닐까요.

공무원, 변리사, 사법고시 등을 공부하다가 수십 년 넘게 합격 못하면 문제가 됩니다. 언제까지 부모가 자식의 뒷바라지만을 할 수가 없기 때문입니다.

본인이 죽어라 공부만 한다고 하면 어쩔 수 없는 문제 이지만 부모가 설득해서 좋은 길로 가게 하는 것이 맞습니다.

사람은 한 가지만 계속 하면 정신적으로 문제가 올 수 있습니다. 운동도 하고 공부도 하고 알바도 하고 친구도 만나고 문화도 즐기고 독서도 하고 등산도 다니고, 다양하게 일을 어느 정도 비율을 맞추면서 생활을 해야지 날마다 공부만 할수 있을까요.

하루종일 책만 들고 있으면 머리가 아픕니다. 책 보다가 밖에 나가서 산책도 하고 바람도 쐬고 운동도 하고 친구도 만나야 합니다. 초등학교, 중고등학교 교과 과정에도 운동과 등산과 독서 산책도 하고 바람도 쐬어야 합니다. 물론 학생 때는 공부 비율을 많이 두어야지요. 온종일 공부만 하게 하는 것도 정신건강에 아니라고 생각이 듭니다.

요즘은 계속 세상이 바뀌어 없어지는 직업도 많고 새로 직업도 많이 생깁니다. 그러므로 배울 것이 많아서 여러 가지를 배워야 하지만 무조건 공부만 해서는 어려움이 닥치면 어려움을 이길 수 있는 힘이 없기 때문에 자살하는 경우가 많지요.

자녀들이 어떻게 살아야 하는지 부모님들이 깨닫지 못하면 자녀들이라도 부모님을 깨닫게 하여 어려움을 이겨 나갈 수 있는 힘을 기르는 교육과 경험도 중요하다고 생각합니다.

내가 힘들게 살았으니 너는 편하게 살아라 하고 모든 것을 도와주다가 자식이 잘못될 수도 있게 되는 것이지요. 물론 편하게 키워서 잘되는 자식들도 있겠지만 어려움이 닥치면 그것을 이기지 못하는 것이 문제입니다. 자식이 몸이 아파서 움직이기 힘들면 도와주어야 하지만, 그렇지 않고 건강하면 세상을 살아가는 힘을 길어 주어야 한다고 생각합니다.

부모는 수백 년 사는 것이 아닙니다. 요즘은 사고도 많아서 부모님들께서 빨리 돌아가시는 경우도 있고, 여성들도 남편이 젊은 나이에 사망할 수도 있고 이혼할 수도 있어 부모가 자식들에게 독립심 교육을 해 주어야 한다고 생각합니다.

땀 흘려 직접 돈을 벌어 내가 필요한 것을 쓰는 재미와 경험도 아주 중요합니다.

부모에게 돈만 타서 쓰다 보면 부모가 모르는 돈을 쓸 때는 거짓말을 해서 부모에게 타서 쓰게 되고 나이가 들어도 결혼을 해도 계속 부모에게 의지하는 것이 사회문제가 될 수가 있습니다.

2016년 8월 5일 kbs라디오에서 오바마 대통령의 16세 된 딸이 아르바이트 한다는 뉴스가 보도되었습니다. 미국은 이런 것들을 당연히 생각하는데 한국의 대통령 딸이 식당에서 알바 한다고 접시 닦으면 무슨 말이 나올지 모릅니다. 한국사람들은 정신을 깨우쳐야 합니다.

놀고 먹는 것은 좋은 것이고 일하는 것은 안 좋은 것이라는 생각은 잘못입니다. 오히려 놀면 이상하게 보고 안 좋게 생각해서 일을 하도록 사회 흐름이 돌아가야 하는데 그렇지 않습니다.

우리나라도 근면하게 일을 하는 것이 올바른 것이라는 흐름이 되어야겠지요.

한국의 교환 교수가 이스라엘에 있을 때 이스라엘 부잣집 아들인 대학생이 시간제 일을 하기에 일을 안해도 될텐데 왜 일을 하느냐고 물어 보자 이 나이에 일 안 하고 부모에게 용돈만 타 쓰면 친구들이 이상하게 본다고 했다고 하더군요.

이러한 이스라엘의 사회 흐름이 유태인들이 세계의 유명한 분들이 많이 나오지 않았나 생각해 보았습니다.

일하는 사회 조성

나는 젊을 때 고생하여 돈을 벌어 나이 들면 여행이나 다니면서 놀고 쉴 것으로 생각하고 있었습니다.

언젠가 하와이에 여행갔는데 가이드는 하와이 원주민들에게 미국에서 일을 하면 연금을 안주고 일을 안 하면 연금을 많이 주니까 하와이 원주민들이 일을 안 하고 놀면서 마약이나 노름 등 이상한 곳에 더 빠진다고 하더군요. 그러다보니 원주민 인구는 점점 줄어든다는 그 말에 깊은 감동을 받았습니다.

사람이 살아가면서 돈이 필요하지만 돈이 많아지면 모든 일들이 다 해결될 줄 알았는데 맘이 허전하고 다른 또 문제점들이 온다고 합니다.

그 문제점을 지혜롭게 해결하면서 나가야 하느냐 하는 것은 자신의 노력으로 이기는 길이 어떤 길인지를 생각해야 한다. 그렇지 않으면 정신적으로나 여러 가지 문제가 생기게 되어 우울증도 오고 정신적으로 문제가 생겨 자살까지 간다고 생각합니다.

돈이 많으면 돈도 잘 관리하는 법도 알아야 하고 없고 어려운 분들 도와주는 생각도 해야 하고 봉사하면서 그곳에 즐거움을 느끼는 분들이 많더군요. 어떤 분은 나를 위해서 봉사한다는 말을 하더군요. 봉사는 나도 즐겁고 남도 즐겁게 하는 것이겠지요.

나이 드신 할머니가 돈은 많은데 놀 수는 없고 병원에서 환자복을 접어서 정리해 주는 일을 했는데 이제는 나이 들었다고 젊은 사람들을 쓴다고 봉사하는 것도 못나오게 한다는 말을 들었습니다.

이런 분들도 벼룩시장에서 헌물건 장사 하면 좋겠지요.

어떤 분이 좋은 회사의 높은 지위에 있었는데 퇴직하면 세계여행을 많이 다니고 등산도 많이 해야 하겠다고 해서 퇴직하고 세계 여행을 무수히 많이 다녔지만 나중에는 세계여행도 싫증이 나고 등산도 날마다 다니니까 싫증이 나서 사무실을 조그맣게 차렸답니다. 비데사업을 시작했는데 설치하러 다니면서 사람들을 만나고 돈도 벌고 사무실에 친구들 찾아와서 놀고 하니 사는 맛이 난다고 하더군요. 등산도 일하면서 한 번씩 가야 하는데 날마다 가니 그것도 지겹다고 하더군요.

늙었다고, 퇴직하였다고 그냥 집에서 놀고만 있으면 심신이 약해지고 세상 사는 것에 흥미를 잃게 됩니다.

그러므로 나이가 들어서도 무엇인가를 하는 일은 아주 중요합니다.

돈이 있는 분들도 나이 들면 사업도 잘 해야지 그렇지 않으면 나이 들어서 사업을 잘못하면 평생 벌어 놓은 돈 하루아침에 잃을 수도 있습니다. 내가 벼룩시장에서 일을 하는데 65살 넘으신 분이 직장생활로 평생 번 돈으로 커피숖을 인수했는데 자기가 커피숖을 인수하러 갔을 때는 그렇게 많던 손님들이 인수를 받자 손님이 뚝 떨어져 사업에 실패해 서울에서 광주로 내려와 면목이 없어 가족까지 버리고 원룸에서 살고 있다고 합니다. 커피숖 가게를 팔려고 손님을 많이 사서 데리고 온 것 같다고 사기를 당했다고 하더군요.

나이 들어서 돈을 잘못 투자하면 하루아침에 오고 갈 곳이 없는 경우도 생기니 위험한 투자는 하지 않는 것이 좋을 것 같습니다.

부자와 가난한 사람이 함께 가는 세상

벼룩시장하면서 많은 분들을 만나면서 세상 살아가는 삶을 들었습니다.

특히 지적 장애인들은 가족들이 신경을 안 쓰니 혼자 돌아다니면서 남자를 만나 모텔 방 한 칸에서 사는 경우도 있습니다. 그리고 공원에는 정신이상자들이 많이 돌아다니고 있습니다. 그래서 내가 노숙자를 구청에 연락하니까 구청에서 살길을 열어 주고 많은 도움을 주더군요.

그러나 문제는 본인이 원하지 않으면 노숙자 쉼터에 데려갈 수 없다고 하더군요. 그런데 노숙자에게 지적 문제가 있으면 상황 판단을 못할 경우 구청에서 판단해 결정해야 하는데, 어떤 분이 그러더군요. 저 노숙자는 이불이 없어서 겨울 밤에는 추우니까 돌아다니고 낮에는 햇볕 밑에서 잠잔다고 합니다. 그래서 이불과 옷을 한 박스 챙겨서 주었습니다. 그러나 근본적인 해결을 위해서 구청에 전화했더니 구청에서 많은 신경을 쓰더군요. 옆에서 신고도 안 해주고 방치하면 문제가 되니까 주위사람들이 신고를 해주어 한다고 생각합니다. 하여튼 한국은 갈수록 제도들이 좋아져서 어려운 분들에게 혜택도 많이 주어지고 있구나 생각해 보았습니다.

돈 있는 사람들이 어려운 사람을 도와주어야 사회가 건강하지요. 있는 사람들이 어려운 사람들을 도와주지 않으면 없는 사람들은 살아 갈 수가 없지요.

돈을 주면 버릇이 된다고 안주면 결국은 그 사람이 배고프면 자살을 하거나 범죄를 저지르게 된다는 것입니다.

돈을 빌려 주어도 그 사람이 안주면 돈이 있어도 안주는 사람이 있겠지만 그것은 몇 명 안되고 대부분 돈이 없어서 못주는 경우가 많이 있습니다.

민주주의 사회는 강자들이 약자들을 도와주어야 사회가 돌아간다고 생각합니다.

구걸하는 분들과 또 장애가 있는 분들을 보면 돈을 한 번씩 주는데 사람들이 돈을 주지 말라고 한다. 뒤에서 저사람들을 조정하는 사람들이 구걸한 돈을 챙긴다고 했다.

물론 그런 구걸하는 분들도 있지만 그렇지 않는 분도 있고 또 뒤에서 조정해도 저 사람에게 밥 굶기지 않고 먹게 해 주지 않느냐고 했습니다.

있는 사람이 없는 사람을 도와주지 않으면 결국 어려운 분들에게 굶어 죽으라는 말이겠지요.

내가 지인들이 김치를 주면 김치를 어려운 사람들이 싸게 주니 팔리더군요. 익은 김치는 유산균이 많아 건강에도 도움이 되고 찌개도 끓여 먹고 또 돈이 없어 못 사 먹는 분들도 싸게 드리니 사러오기도 합니다. 한쪽에서는 필요하고 한쪽에서는 버리는 경험을 하면서 헌 물건 장사는 환경정화사업에도 도움이 되겠구나 하는 생각이 들었습니다.

어떤 분은 액자와 수놓은 물건들이 많은데 집에만 쌓아 두는 것보다 가서 나가서 팔겠느냐고 물어보면 아무것도 안하면 스트레스 받고 수를 놓고 뜨개질을 하니까 재미로 한다고 하더군요. 그런면 이것을 들고 나가서 길에 놓고 팔지 하고 말하면 파는 방법을 모르겠다고 합니다. 내가 벼룩시장 길에 진열해 놓고 팔라고 하니까 부끄럽고 창피해서 길에서 어떻게 벌려놓고 장사하냐고 하더군요.

어떤 분이 만들어 놓은 것을 길에 놓고 파니까 어떤 분이 말하길 저 분은 집도 있고 돈도 많으면서 길에 나와서 장사하느냐고 하더군요. 왜 한국사람들은 남의 일에 그렇게 관심이 많고 간섭을 하는지 이런 것을 극복해야 합니다. 더불어 그런 말을 하는 분들이 잘못된 것이라고 깨닫게 해야 하는데, 어떤 분들은 나에게 뭘 못해서 길에서 장사하고 있느냐고 하시는 분들도 있지요.

이런 것들을 판매하면 재미있습니다. 그런데 집에 여기 저기 물건을 모아놓고 또 어떤 사람의 냉장고에는 먹을 것이 가득차고 넘쳐서 버리기도 합니다. 정말 배고프고 어려운 사람들이 얼마나 많은지 그 사람들은 잘 모른가 봅니다. 오래 전에 어느 젊은 여성 작가가 배가 고파서 '쌀과 김치 좀 있으면 주세요' 하고 대문에 써 놓았는데 아무도 안 주어서 사망한 경우가 있었지요.

국가는 쌀이 남아돌고 배고픈 사람은 쌀이 없어서 죽어가는 국가 정책과 제도의 잘못이라고 생각합니다. 이후 동사무소나 지자체에서 긴급지원이라는 것이 생겨서 요즘은 배고파서 쌀이 없어서 힘든 경우 지자체의 제도들이 좋아서 굶은 국민들이 많이 줄어들었다고 생각합니다.

벼룩시장은 환경운동의 첨병

벼룩시장에서 헌 옷을 노가다, 농장에서 일하는 사람들, 농촌사람들이 사갑니다. 아주 안좋고 오랫동안 안 팔린 옷은 모아서 자원에 가져다가 팔고, 안 쓰는 물건들은 길에서 진열해 놓으면 다 팔 수 있습니다. 안 팔리는 것도 있지만 잘 사는 가정의 냉장고에는 먹거리가 너무 많아 보관하기 힘들어 다들 버리지요. 주위 지인들이 선물로 들어오고 사놓고 남은 음식들, 이 모든 것들이 버려지면 환경에 많은 해를 끼칩니다.

벼룩시장을 확대하면 사람들이 남는 물건들이 가지고 나와서 팔기도 하고 어려운 분들이나 장애인들에게 무료로 줄 수 있습니다. 벼룩시장은 재래시장과 공원 등에 장소를 정해서 많은 사람들이 안 쓰는 물건을 가지고 나와서 팔고 물물 교환하도록 정부에서 제도를 만들어야 한다고 생각합니다.

대문 앞에 내놓는 장소가 없고 힘들면 대문에 '헌 물건 판매합니다. 원하시면 들어오셔서 구경하세요' 라고 헌 물건에 금액을 글로 써서

붙여 놓으면 지나가는 사람들이 들어와서 사겠지요.

토요일이나 국경일에도 가족들이 이 벼룩시장에 참여하면 돈이 없는 가정은 자녀들이 놀러 가자고 부모에게 원할텐데 놀이공원 등에 안가도 자녀들과 벼룩시장에 와서 싼물건 사기도 하고 팔기도 하면 가족의 평화가 올 것입니다.

제4부

건강에 좋은 벼룩시장 상인

벼룩시장 하면서 사람들을 만나보면 혼자 사는 분들이 매우 많습니다. 갈수록 독거 노인들이 늘어나 노인들이 밖에 나와서 장사하는 것이 건강에 도움 됩니다. 어떤 노인은 집에 있으면 머리가 아파 나가서 장사를 하면 재미있고 좋은데 자식들이 노점상 하면 쫓아와 진열된 헌옷을 엎어 버린다고 했다 하여 나오지 못한다고 하더군요.

집에 있는 헌 물건을 팔면 될텐데 부모가 거리에서 헌옷 장사하면 자식 얼굴에 해를 끼친다고 생각합니다.

부모가 행복해 하는 일을 하게 하는 것도 모르는 자식들이 부모에게 돈만 많이 주고 하루종일 놀아라고 하는 것이 진정한 효도일까요.

부모님께서 일을 안 하려고 하는데 억지로 시키는 것은 잘못된 것이지만 부모님이 무료해서 벼룩시장이나 시간제로 일을 하신다고 하면 하라고 하셔야지요.

사람이 일을 해야 삶의 의욕이 생기고 창의력도 길러져서 좋은 물건들도 만들어 낼 수 있습니다.

부모님이 아프면 일을 하라고 해도 못하는데 건강할 때 부모님께서 원하시는 벼룩시장에 나와서 일하시는 것은 좋은 일이 아닌가요.

내가 아는 75세 된 여자 분도 집에만 있으면 정신적으로 문제가 생기고 우울증이 오는데 일을 하러 나오면 그 문제가 해결이 된다고 하더군요. 특히 우리나라는 여성들이 우울증이 많은 것을 보았습니다. 여러 가지 이유가 있지만 그 중에서도 남편 때문에 우울증이 오는 여성들이 매우 많습니다.

다들 그렇지는 않지만 어떤 경우는 남녀가 사귀다가 헤어지면 충격에 정신병이 오는 경우들도 주위에 있더군요.

여성들을 남편이 힘들게 하여 그것이 오래가면 정신질환으로 오는 경우도 많더군요.

물론 남성들도 아내가 힘들게 하면 그런 경우도 있지만 한국은 여성들이 훨씬 더 남편으로 부터 오는 스트레스로 우울증 등 정신질환을 많이 겪고 있더군요.

그런 분들도 벼룩시장 하면서 사람들과 만나 마음 속 힘든 말을 하면 답답한 맘이 풀릴 수도 있고 속이 편해질 수도 있고 정신적으로도 건강해 질 수도 있지요. 하루종일 공원에서 나와서 앉아 있는 것도 심심하고 무료하지요. 집에서 안쓰는 물건 한 개씩 가지고 나와서 팔면 돈이 되니까 기분도 좋고 물건이 필요한 사람에게 전달되니까 그것도 기분이 좋겠지요.

벼룩시장, 꿩 먹고 알 먹고

또 여성들은 가족이 있어도 자녀들과 남편이 직장 일로 바쁘기 때문에 외로운 사람들 너무 많습니다. 자녀가 어릴 때는 생활에 여유가 없어서 정신없이 지내다가 나이가 50세가 되면 자식도 자식 갈 길을 가고 남편도 바쁘고 그러다 보면 여성들이 우울증이 오기 쉽습니다.

심하면 정신질환 등이 생기게 되고 이 벼룩시장을 잘만 활용하면 국민들의 정신과 육체적 건강에 직접 좋은 영향이 있다고 생각이 됩니다.

여성들과 남자들이 일이 없고 무료하면 잘못된 길로 나가기 쉽습니다. 어떤 남편이 그랬다고 하더군요. 아내에게 '자네가 나가서 백만 원을 벌면 이백만 원 번 것이나 마찬가지이네' 하고, 그것은 집에서 노니까 나가서 돈을 써야 하는데 안 쓰고 버니까 그런 계산이 나온다고 하더군요.

그리고 그냥 사람들이 만나서 돈 들여서 먹고 노는 것보다 일하는 장소에 나가면 자연히 사람들을 만나게 됩니다. 사람은 며칠간 말 한 마디도 안하고 살면 스트레스가 오지요.

그냥 먹고 놀다가 돈이 떨어지면 안 만나니까 같이 놀 사람들이 점점 없어집니다. 자녀 교육 때문에 아내에게 가정에만 있으라고 하는 남편들도 있지만 아내에게 취미생활이나 시간제로 작은 일을 하게 하여 하게 하여 삶의 활력을 주는 일을 하게 하는 것도 중요하다고 생각합니다.

요즘 여성들이 산후 우울증을 겪는 사람들이 많더군요.

자녀를 낳고 가정에만 갇혀 사는 것만이 여성의 삶이 아니기 때문에 산후 우울증이 오겠지요. 그런데 성격상 집에만 있으면서 자녀를 키우는 성격이 못되는 여성들이 생각보다 많습니다.

우리 학부모님 중에서 자녀들을 다 어린이집 보내고 혼자서 어떻게 할지 몰라 매우 혼란스러워서 여기 저기 다니면서 봉사를 한다 합니다.

하여튼 여성들이 가정에만 갇혀 있는 시대는 아닌 것 같습니다. 돈이 있으나 없으나 수십 년 전 같이 여성이 자녀들을 6명 이상 출산할 때는 자녀출산하랴 키우랴 정신없이 살았지만 요즘은 한두 명만 낳으니까 어떤 가정은 수급자 가정이어서 너무 어려운 가정인데 자녀를 많이 낳았으면 물어보면 유산할 돈이 없어서 낳았다고 하는 경우도 있었구요.

그런데 이 벼룩시장은 누구나 삶은 윤택하게 해 주는 곳이라고 생각합니다.

생각을 바꾸어서 사회에서 환경정화사업도 하고 여러 가지 좋은 점이 많은 것이라고 활성화를 시키면 국민들의 삶이 더 윤택해지지 않을까요.

잘 살다가도 어려워지면 길에 나와서 벼룩시장과 노점상으로 빨리 접근할 수 있으면 자살률도 줄어들겠지요.

편견 없는 세상, 벼룩시장

옛날 속담에 '젊을 때 고생은 사서도 한다'는 말이 있지요. 용돈을 벌기 위하여 막노동을 하던지 식당에서 일을 하던지 어려워지면 얼른 어려운 일에 접근하기 쉽습니다.

그런데 전혀 공부만 하고 부모가 준 돈만 받아쓰다가 부모가 갑자기 부도나서 어려워지면 감당 못하여 자살하는 경우가 많다는 것이지요.

어떤 친구도 부모가 잘 살았는데 하루아침에 문제가 생겨 아들 한 명만 데리고 외국으로 아빠가 도망을 가 버렸고 어머니와 자녀들은 갑자기 거지가 되어 자살을 여러 번 시도했는데 못하고 지금까지 살다가 보니 결혼도 하고 자녀도 낳고 잘살고 있다고 합니다.

부모가 준 돈만 가지고 살다가 어려움이 당하면 이렇게 되지 않을까 생각해 봅니다

벼룩시장은 잘사는 사람 못하는 사람 누구나 접근할 수 있는 것이라고 생각합니다.

옆에서 노점상 하는 분이 노점상은 천한 직업이라고 말하더군요. 난 이상하게 생각했습니다. 왜 노점상을 천한 직업이라고 생각할까.

처음에 벼룩시장에 물건을 벌려놓고 가로수 뒤에 숨어있다가 손님이 올 때만 나오고 손님 안 올 때는 나무 뒤에 앉아서 본 적이 있습니다. 그런데 어느 날 이것이 아니구나, 당당하자 내가 남에게 손 내밀지 않고 돈 빌리지 않고 떳떳하게 살려고 벼룩시장 하는데 뭐가 부끄럽느냐, 또 내가 환경정화사업까지 하는데, 그렇게 생각하면서 당당해졌습니다.

그렇지만 난 당당히 부끄럼이나 맘에 상처 받지 않고 열심히 사는 나에게 '김순복, 넌 훌륭한 사람이다. 남에게 돈 안 빌리고 폐 안 끼치고 살려고 당당히 일하는 김순복!' 이라고 생각했습니다. 얼마나 나 자신이 대단했는지 난 헌 물건 장사하면서 부끄럽다거나 그런 맘을 가지지 않고 열심히 물건을 팔았습니다.

난 아무렇지도 않은데 왜 남들은 길에서 장사하는 것을 이상하게 생각할까 그것이 궁금했습니다.

난 기독교인이기 때문에 '하나님 말씀에 항상 기뻐하라' '쉬지 말고 기도하라' '범사에 감사하라' 이 말씀을 맘에 새기면서 살았습니다.

돈은 돌고 돌기 때문에 지금 내가 힘들어도 다음에 돈을 많이 벌 수도 있고 지금 돈이 많은 사람도 하루아침에 힘들어 지는 경우도 있는데 난 누구에게라도 길에서 벼룩시장하는 것을 당당히 말하고 도움을 청하였습니다.

내가 옳은 일을 하는데 나를 멀리 한 사람이 잘못되었지 내가 잘못된 것은 아니다라고 어려운 사람들이 대부분 내가 어려워지면 많은 사람들이 내 주위를 떠난다고 하더군요.

‘심은대로 거두리라’라는 말씀처럼

성경에 ‘가난한 자를 조롱하는 자는 이 가난한 자를 지으신 하나님을 조롱하는 것’이라고 나왔지요 성경은 참 좋은 책입니다. 어떻게 그렇게 좋은 말씀들이 많은지.

세상은 심는 대로 거둔다고 하였지요. 장애인들도 조롱하면 안 된다고 생각합니다.

내일 내가 사고 나면 하루 아침에 장애인이 되는데 왜 장애인들을 그렇게 편애를 하는지.

내가 어려울 때 나에게 도움을 주신 분들이 많았습니다.

그래서 어려울 때 물질적으로 도움을 준 많은 분들에게 감사한 맘을 항상 갖고 살았습니다.

나도 그분들에게 도움을 주는 날이 있어야 할텐데 하나님께 나도 물질축복을 달라고 기도도 많이 했습니다.

우리 하나님은 때가 되면 나의 기도를 들어 주기 때문에 난 항상 사랑하는 하나님께 감사하는 맘으로 살아가고 있습니다.

하나님은 아직도 나에게 연단 받아야 할 단점이 있어서 이 단점을 고쳐주기 위하여 어려움을 주는구나 하고 생각했습니다.

나도 남을 도와주기 좋아하는 성격이었지만, 나는 그렇게 생각했습니다.

사람은 하나님께 연단받기 전에 깨달아서 본인의 단점을 고치면 좋을 것인데, 난 어렵지 않을때는 왜 사람들이 돈을 빌리고 또 빌려서 주지 않을까 이해를 못하고 살림을 잘 살면 될텐데 왜 그럴까 생각한 경우가 있었습니다.

그러나 내가 어려움을 겪으면서, 아 이렇게 어려우니까 돈을 빌려주라고 하고 빌려주어도 돈을 제때 주지 않는구나 깨달으면서 하나님께 어려움을 주어서 이렇게 깨닫게 해 주신 것에 대해 감사기도를 드렸습니다.

벼룩시장에서 만난 사람들

돈을 빌려 주면서 너 잘 되면 갚아라고 하는 친구들도 있었습니다. 그런 좋은 친구들과 지인들 때문에 어려움을 이겨내기도 했습니다. 고마운 친구들과 지인들에게 감사하면서 그 친구들을 위해 기도했습니다.

세상에는 좋은 사람들이 너무 많습니다. 나에게 돈을 빌려준 사람들 중에는 이자도 안 받고 잘되면 원금이라도 갚으라는 친구들도 있고, 어떤 분들은 빚을 받을 생각조차 안하는 분들도 있습니다. 그냥 쓰라는 분들도 있지요. 이렇게 좋은 분들 때문에 세상이 돌아가고 어려운 분들도 사는구나 하는 생각을 많이 했습니다. 나도 물질축복 받으면 이런 좋은 일도 해야겠다는 생각을 해 보았습니다.

어려워서 돈을 빌려달라는 사람들이 있으면 몇 만 원이라도 주어야지 그 사람이 살아가지 않을까요. 내게 없으면 다른 곳에서 빌려줄 수는 없지만 조금이라도 도와주어야 된다고 생각을 해 보았습니다.

세상은 혼자 살아가는 법을 많이 배워야 한다고 생각했습니다. 누구든지 혼자 될 수가 있으니까 하나님을 알고 교회를 다닌다는 것이 얼마나 많은 사람들에게 힘이 되는지 나는 알고 있습니다. 죽으면 천국 가고 살아서도 교회에 가서 내 영혼을 만족하게 하니까 정신적으로 기쁘고, 교회는 사람들이 죽어서 천국 가서 좋고 살아가는데 좋다고 생각했습니다. 어떤 책에 이 세상에 가장 행복한 사람은 하나님이 살아 있다고 믿고 사는 사람이라고 하더군요. 이 말에 공감이 되었습니다.

벼룩시장에 대하여 좋은 점을 말하다 보니 벼룩시장 하면서 많은 사람을 만나고 또 그동안 내가 책과 매스컴을 보면서 내 생각을 올려 보았습니다. 글을 읽으시는 분들께서 이해하면서 보시기 바랍니다.

저는 글쓰는 전문가도 아니니까 이해하시기 바랍니다.

사람은 누군가 만나서 대화도 하고 돈을 안 벌려면 봉사나 취미 생활을 해야 하지요. 특히 자연을 찾는 것은 사람을 안 만나도 사람에게 아주 좋은 기분을 주고 책을 읽으면 시간이 지루하지 않고 좋습니다. 저는 혼자 산에 가는 것도 매우 좋아 합니다. 같이 가는 사람이 있으면 여러 가지 신경이 쓰이고 기도도 못하고 서로 맞추어 주어야 하는데 혼자서 느린 걸음으로 등산하고 걷고 쉬고 기도하고, 특히 전자성경은 성경도 신구약이 음성으로 나오고 복음성가, 찬송가 등 모든 것이 나오니 들고 다니면서 들으면 아주 좋고, 나이 들면 돋보기 써야 하는데 돋보기를 쓰지 않아도 성경을 들을 수 있으니 혼자 다니는 것이 매우 좋지요.

저는 특히 나무와 꽃을 좋아해서 나무와 꽃을 보면 기분이 좋고 스트레스도 풀리고 산에 가는 것, 등산을 매우 좋아합니다. 힘든 높은 산이 아니고 적당한 산을 좋아합니다. 특히 저는 안에 갇혀 있는 것보다 밖에 나가 걷기 운동하기를 매우 좋아 합니다. 그것도 혼자서 걷기 운동 하는 것, 그 시간이 내 기도하는 시간입니다. 걸으면서 생각하고 기도하는 그 행복감은 본인만이 느낄수 있지요 특히 비올 때와 눈올 때는 길을 걸으면 기분이 매우 상쾌합니다.

전 항상 바쁘니까 밤늦게 잠자기 전에 가까운 학교나 공원에 가서 기도하면서 천천히 걷기운동 하면 혈액순환도 되고, 건강에도 좋고, 잠도 잘 옵니다. 주위에 밤에 잠을 못 잔다는 사람이 많던데 전 걷기 운동을 권합니다.

기도원은 대부분에 산에 있기 때문에 기도원에 가서 자연도 느끼고 기도도 하고 나에게는 매우 행복한 시간이지요. 세계여행을 20여 개국을 갔지만 세계 다른 나라 여행가는 것도 사람이 다른 나라에서 장단점을 배우기 때문에 많은 도움이 되었습니다. 특히 로마에 갔을 때 바울이 갇혔던 그 감옥을 본 일이 있는데 인상깊습니다. 감옥에서 수천 년이 지나도 맑은 물이 늘어나지도 않고 줄어들지도 않고 그대로 나오는 것을 가이드가 말씀했을 때 감명 깊었습니다. 깊이는 1미터 정도 되고 지름은 50센티 정도 될까. 맑은 물을 보고 하나님의 살아계심을 가슴 속 깊이 느꼈습니다.

영국과 프랑스 등은 한 번 건물을 지으면 돌로 지어서 작은 호텔 등도 수백 년 유지하고 있다고 하더군요. 그래서 자식들이 대대로 경영하고 있다고 합니다. 도시 및 하수도도 수백 년 동안 아무 이상없이 되고 있다고 영국, 프랑스 국민들의 지혜에 놀랐습니다. 우리나라는 빨리 건축해서 수십 년 지나면 아파트, 주택 등도 재개발하는데 이런 것도 배워야 하는 점이라고 생각했습니다.

그냥 하루종일 말 안하고 집에만 있으면 답답함을 느끼지만 시간 조정을 잘하면 벼룩시장은 내 일이니까 얽매이지 않고 지인들의 자녀 결혼식이나 개인 일이 생기거나 아프면 벼룩시장은 안 해도 되는 내 맘대로 살 수 있어 그것도 좋은 점이라고 생각합니다.

봉사도 본인을 위해서 한다는 말을 들었습니다. 봉사하면 즐거우니까요.

그렇지만 저희 사는 것이 어려워서 봉사는 많이 못했습니다.

재래시장과 노점상은 생계를 이어가기 위해서 나온 분들도 많고, 암에 걸려서 죽기 전까지 살려고 나온 사람들, 장애인들, 물건은 팔 수 있는 것은 팔 수도 있고, 사업하다가 부도 나서 남은 물건 싼 가격으로 처리하는 분들도 계십니다. 어떤 분들은 돈은 어렵지 않지만 무료하고 심심해서 노점상에 나온 분들도 있고, 적은 돈으로 물건 몇 개만 가지고 나와서 사람구경을 하고 사람들도 만나려고 나온 분들도 있고, 어떤 분은 집에 혼자 있으면 우울증이 오고 무료하고 심심해서 나온 분들도 있습니다. 또 어떤 분은 잘 살아도 나와서 장사한 분도 있습니다.

밭에서 농사 지은 야채 등을 팔러 나온 분, 농장을 하시는데 물건이 남아서 팔러 오신 분, 농수산물 협동조합에서 팔고 남아 팔러 오신 분, 좋은 물건은 과일매장에 경매 넘기고 남아서 가지고 나오신 분 등등 다양한 분들이 많더군요

뿐만 아니라 신용불량자가 되어서 살길이 없어서 나오신 분들도 계시고, 어떤 분은 명문대학을 나왔지만 본인에게 맞다고 노점상을 하시는 분도 있습니다. 아버님께서 노점상을 하셨기 때문에 좋은 점을 보았던 것 같았습니다.

벼룩시장에서 일어난 이야기들

우리나라는 6.25사변이 지난 후에 어려울 때 많은 국민들이 재래시장과 노점상과 벼룩시장으로 말미암아 살아난 분들 많다고 책에서 보았습니다. 서민들이 살아가야 하는데 서민들이 살아가는 길은 노점상, 재래시장, 벼룩시장이 아주 중요한 역할을 한다고 생각합니다.

남광주시장 옆에 새벽시장이 있는데 새벽에 많은 사람들이 잠을 안자고 나와서 물건을 팔고 오전 9시가 되면 구청에서 단속이 나와 집에 들어가더군요.

차 주차공간 확보와 자리를 차지하려고 새벽 12시에 나와서 장사할 장소에 자리를 깔아 놓고 차에서 잠자고 새벽 4시에 일어나 장사하면서 자녀들을 키우며 생계를 이어가고 가게를 얻을 돈 없으면 거리로 나와서 장사하는 사람들도 많습니다.

내 주위에 장사하는 분들 보면 농사를 지어서 지은 농작물을 갖고 나온 분들도 많습니다.

강에서 바다에서 냇가에서 가져온 것을 파는 분들도 많고, 부모님들이 가꾼 농작물 등이 남으면 상하니까 자녀가 가지고 나와서 팔기도 하고, 농장하는 분들도 채소나 과일을 가져와서 팔고, 또 어떤 분은 섬진강 다슬기를 잡아서 파는 분들도 있고, 산에 가서 쑥을 캐서 파는 경우들도 있습니다.

정부에서도 국민을 살려야 국가가 살듯이 노점상들을 무조건 막을 것이 아니어서 세금을 조금씩 받더라도 장소를 정해 주는 등 정부에서 협조해 주어야 되지 않을까 생각해 봅니다.

노점상들 얘기를 들어 보면 젊을 때 남편이 사망했는데 많은 자식을 먹이고 살려야 하는데 길이 없어 거리로 물건을 가지고 나와 팔기 시작해 어느덧 75살이 넘었다고 하더군요. 이런 분들이 노점상 중에 많이 있습니다. 살 길이 없을 때 가게를 안 얻어도 되니까 거리로 나오는 것이지요.

식당이나 남의 가게에서 일하면 얽매이게 되고 월급도 어려우면 밀려서 안주는 경우도 있고 월급이 너무 적어 생계를 꾸리기 힘들었고 식당이 잘되다가 어려워지면 월급이 제때 안 나오고 그만 두라고 하면 실업자가 되고, 그래서 길에 나와서 노점상을 하게 되었다고 하시더군요.

어떤 분들은 자영업 하다가 망해서 크게 헬스클럽하다가 망한 분들 등등. 어떤 노점상은 나이가 들어 직장에 들어 갈 곳이 없어 노점을 하게 되었다는 분들도 많다고 합니다. 그러므로 벼룩시장과 노점상, 재래시장은 밑바닥 국민들을 살리는 장소라는 것을 정부는 알아야 합니다.

현장을 무시한 국가정책

요즘 대형마트가 늘어 남으로서 서민들의 살기가 점점 어려워 지고 있습니다. 작은 가게들 중에는 문을 닫는 곳이 수없이 늘어나고 자영업자들이 여기 저기서 무너져 일반 점포 가게들도 가게앞 거리에 천막을 치고 도로에 물건을 쌓아놓고 팔고 있습니다.

국가에서도 일반 기업들과 어린이집, 유치원, 지역아동센터, 요양원, 학교 등등 카드를 써서 급간식대를 지급해야만 인정이 됩니다. 재래시장에 카드 없이 일하는 노점상과 벼룩시장 등등이 얼마나 많은데 재래시장 노점상에서 콩나물 천원만 주면 많은 양을 주지만 대형마트 등에 가서 카드를 쓰면 3천원 어치 정도 사야만 재래시장 노점상에서 천원어치 산 것과 비슷합니다.

이렇게 국가가 정책적으로 카드를 써야만이 인정되니까요.

내가 벼룩시장 장사를 어느 시골장에 가서 하는데 어떤 분이 국가가 앞으로 어떻게 돌아갈지 걱정이라고 하였습니다. 학교에서 남은 밥과 반찬 몇 박스를 짐승들에게 갖다 준다고 했습니다. 학생들은 밥을 많이 먹지 않는데 국가에서는 법인카드로만 급간식을 사야만 인정이 되니 밥과 반찬을 일부러 많이 해서 버린다고 하더군요. 이런 정책들이 정말 올바른 정책일까요.

현장을 무시한 정책들 이런 것들이 없어져야 한다고 생각합니다. 물론 모든 것은 장단점이 있을 것이고 카드를 써야할 이유도 있겠지요. 세금도 받고 카드세도 받고, 하지만 적은 금액에 대하여 카드를 안 써도 인정하는 법을 만들어야 재래시장과 노점상과 기업을 운영하는 분들도 적은 돈으로 많은 물건을 살 수도 있고 여러 가지 좋은 점을 인정하여 지혜롭게 정책이 만들어져야 합니다.

자영업자들도 돈 있는 사람들이 투자해야만 고용창출이 되는데 너무 형식적인 서류와 필요없는 규제 등등으로 힘들게 하니 돈이 있어도 투자 안하는 분들이 많습니다. 사장을 살려야 고용인들이 직장 다닐 곳이 생기는데 자영업자들이 힘들게 일하지 않도록 정부에서 많은 노력을 하여야 한다고 생각합니다.

자영업을 처음 시작할 때는 빚을 대출받아서 하는 경우도 많고, 가족들이 시작하는 경우도 있습니다. 몇 년 동안은 자영업자들이 일어날 수 있는 기회를 주어야 하는데 직원 한 명만 채용해도 최저임금과 퇴직금을 빚을 내서 주어야 합니다. 직원 한 명 채용에 4대보험을 내려면 서류부터 시작해서 매달 하라는 것이 많아 아예 돈있는 사람들까지 이런 복잡한 서류 때문에 자영업을 피해 버리는 경우가 많습니다. 그러다보니 없는 사람들은 일 할 곳이 없어집니다. 어느 정도 발 뻗을 자리에 가서 발을 뻗어야 하듯 소규모 자영업자들에게 맞추어 법이 만들어 져야 하는데 그런 현장상황을 잘 모르는 것 같습니다. 이런 문제점 하나 하나가 해결되어야 국민들이 살기가 편해지지 않을까 생각해 봅니다.

요즘은 최저임금의 급격한 상승과 주52시간 근무로 자영업자들이 버틸려고 가족들이 하는데도 문 닫는 경우가 많이 늘어나더군요.

자영업자가 무너지니 일자리가 점점 없어지고, 개인도 부모들이 독립정신을 길러주어야 가족들이 일어나는데 나라도 마찬가지로 국민 하나하나에게 일어날 수 있는 독립심을 길러주고 어려울 때 도와주고 대출해 주는 제도가 마련되어야 한다고 생각합니다. 무조건 나라에서 모든 것을 해주려고 하다가는 나라가 감당 못하고 나라가 힘들면 국민도 힘들어질 것입니다.

나라가 어려워지기 전에 지혜로운 정책이 필요하다고 생각합니다.

모든 것이 장단점이 있지만 사장을 살려야 직원들이 사는 것은 정당한 정책이고 직원들에게 많은 신경을 써서 직장에 잘 다니도록 도와야 하는 것도 사장과 나라의 할 일입니다.

집안에서도 부모가 무너지면 자녀들이 살기 힘들 듯이 기업과 자영업자와 소상공인들의 고용주들이 정부에서 살도록 도와주는 것이 먼저 할 일이라고 생각합니다. 그래야만 근무하는 고용인들에게 일 할 곳이 생기니까요.

요즘 코로나 때문에 자영업자들이 줄줄히 무너지고 직원들이 월급 2백만 원을 받으면 사장은 500만 원이 남아야 자영업 건축물을 고치던지, 고장난 컴퓨터 등등 기계도 사야 하고, 불 나면 사장이 모든 것 책임진다고 합니다.

재래시장을 살린다고 지방자치제에서 얼마나 많은 예산을 재래시장에 투자하는데 현장에서는 카드로만 산 것을 인정하니 앞에서는 재래시장 살린다 하고 뒤에서는 대형마트로 국민들을 보내는 모순을 저지르는 것이 아닌가요.

이런 문제점 등도 많이 정책적으로 보완해야 한다고 생각합니다.

국가에서 예산을 확보 했는데 그 예산이 안 쓰면 다음해 예산 편성이 안 되니까 그 예산을 쓰기 위하여 안 써도 되는 곳, 예를 들어 멀쩡한 도로를 다시 파는 등 여러 가지 모습을 보았습니다. 가정살림도 어려울 때 쓰기 위하여 저축을 하듯이 나라살림도 예산에 있다고 무조건 쓰면 될까요. 그 예산이 안 써져도 안 쓴 예산은 국가나 지방자치에 반납하고 그 다음에도 같은 예산을 짜서 또 쓸 상황이 생기면 써야 하지 않을까요.

정치인들은 고용인들은 수가 많고 표가 많지만 사장은 수가 적어서 표가 적지만 지혜롭게 정책을 해야 합니다. 표를 보고 정책을 만들지 말고 국민과 나라를 위해서 만들어야 합니다. 다수결이 맞는 것이 있고 틀린 것도 있듯이 지도자들의생각이 얼마나 중요한지 생각해 봅니다.

자본이 없어도 시작할 수 있는 벼룩시장

재래시장에서도 벼룩시장 공간을 마련해 주어서 헌 물건이 매매될 수 있도록 도와주어야 합니다. 돈이 없고 자본이 없는 생사가 막막한 사람들이 살아갈 길을 벼룩시장 공간을 마련해 주어 살길을 찾아 주면 얼마나 좋을까요.

일반 기업과 어린이집 복지관 지역아동센터 등등 대부분 급간식대를 카드를 쓰라고 하는데 이런 것도 현장에서는 문제점이 많이 있습니다. 재래시장에 가면 콩나물 천원어치가 대형마트에 가면 3천 원 정도 주어야 양이 비슷합니다.

재래시장에서는 카드는 안 되고 현금만 가능합니다. 재래시장 노점상 거리에 앉아있는 사람들 그런 사람들에게 사면 카드는 안 되지만 가격이 쌉니다. 카드로 사는 일반 마트보다 여러 가지 채소 등의 가격이 쌉니다.

그리고 공무원들과 교사들도 토요일은 쉬니까 무료하기 때문에 뭐든지 할 수 있습니다. 그런데 공무원과 교사는 직업을 2가지를 가지면 안 된다는 법 때문에 올무에 걸려 정신적으로 어려움이 늘어가고 있다고 생각합니다.

요즘 회원 가입해서 물건 쓰는 것 등이 많이 있습니다. 네트워크 등등 회원 가입해서 좋은 물건을 싸게 사고 싶어도 공무원과 교사 등은 회원 가입을 하지 못하게 하는 법은 잘못되었다고 생각합니다.

벼룩시장은 자본이 없어도 헌 물건 하나만 있어도 거리와 나와 팔면 나에게 조금이라도 도움이 되는 것입니다

어려운 분들 또 시간이 많이 남아 무료한 분들 또 사람들과 만나고 이야기를 나누고 싶은 분들 조금 어렵다고 하지 마시고 살려고 하는 의욕을 가지고 무엇이든지 하면 살 수 있습니다.

그렇게 열심히 살다 보면 좋은 길이 열리고 또 좋은 직장도 생길 수 있습니다. 그러므로 힘들 때 뭐든지 하기 바랍니다.

길에서 헌 물건 장사 하는데 어떤 분들은 직업을 준다고 생각해 보라고 하는 분들도 있더군요.

누구나 할 수 있는 벼룩시장이 되어야

저는 어린이집 원장을 하면서 교회 주일학교 교육전도사도 십년을 했습니다. 그러나 어린이집 원장과 전도사 2가지 일을 같이 하기는 힘들었습니다. 내 사명이 어린이집이기 때문에 전도사는 그만 두고 어린이집만 운영했습니다.

제 남동생도 목회자이지만 목사님들은 하나님께서 주신 사명으로 하시는 분들이 대부분입니다. 저희 동생은 목회만 하고 있지만 다른 어려운 목회자들 보면 교회를 이끌어 가기 위해서 어려울 때는 대리 운전과 막일, 일용직을 하면서 목회하는 목사님과 전도사님들이 많이 계십니다.

그러다가 때가 되면 교회도 교인들이 점점 늘어나면 힘든 것들이 회복 하게 되고 살아계신 하나님이 도와주신다는 것을 항상 느끼며 살아갈 수 있습니다.

주위에 좋으신 분들도 많고 내가 어려울 때 도와준 어린이집 원장님들, 친구들, 지인들 평생 잊을 수 없는 여러분이 있었습니다.

하여튼 어려운 분들께서는 살 길이 없으면 거리나 집 앞에서라도 헌 물건을 두면 사 가시는 분들이 있을 것입니다.

정부정책이라는 것은 돈이 있는 사람 위주로만 만들어도 안 되고 없는 사람위주로만 만들어도 안 되는 것이지요. 벼룩시장과 노점상들은 세상에서 어려움이 막다른 길어 왔을 때 거리로 나와서 살아가는 사람들 많지요. 노점상과 벼룩시장 정책이 성공하면 대한민국 사회가 자살률도 줄어들고 더 살기 좋은 사회가 되리라 생각합니다.

한국사람이 외국에 유학 갔다 오셔서 외국에서는 츄리닝 입고 슬리퍼 신고 학교 가도 아무 신경을 안 쓰는데 한국에 오면 신경이 쓰인다고 합니다. 왜 한국사람들은 외모나 남의 일에 간섭을 많이 하는지 모르겠다는 말을 들었습니다.

마지막으로 한국사람들은 남에게 비난을 하는 것을 자제해 주시고 자기 살길 찾아서 살면 말이라도 격려해 주고 물질로도 도와 주셔야 한다고 생각합니다.

제5부

'북구청장에게 바란다'에 올린 글

외국에는 벼룩시장과 재활용 물건 아나다바 나눔터가 활성화 되어서 서로 물건 교환하고 팔고 안 쓰는 물건 등 교환하는 것이 일상화 되어서 국가에서나 지방자치에서 재활용 나눔제도에 많은 도움을 주어서 활성화 되어 많은 국민들이 도움을 받고 있습니다.

그러나 한국은 아직 활성화 되지 못했는데 광주의 시민들에게 알려져서 구민들이 행복한 삶을 사는데 도움을 되었으면 하는 맘입니다.

여러 가지 물건 중 선물을 받았거나 비싼 물건을 사놓고 쓰지도 못하는 경우 등 물건을 돈주고 버리고 사고 싶은 물건은 돈 주고 사고 안 쓰는 물건들이 집에 쌓여져 있고 또 어려운 분들은 벼룩시장이나 재활용센터에 가서 싼 물건을 사고 싶은데 그런 제도들이 없어서 사지 못하고 새 물건 살려니까 부담스럽습니다.

어린아이들은 매달 빠른 속도로 크는데 옷과 영유아와 어린이집들에게 필요한 물건들은 어려운 가정들은 사줄 수 없고 부모와 자식이 같이 자살하고 세계에서 자살 일위 한국사람은 체면과 허례허식과 남의 시선을 의식하는 것이 문제입니다.

한국의 우울증 환자들도 급속도로 확장되어 가고 있고, 특히 65세 이상의 치매와 우울증 환자들이 10명 중에 한 명일 정도로 늘어나고 있고, 우울증의 치료는 일과 봉사와 사람들과의 상호작용을 하면 치료 된다고 들었습니다.

벼룩시장도 이런 환자들의 치료할 수 있는 좋은 길이라고도 생각해 봅니다.

사업실패와 이혼 등으로 내일 먹을 것이 없는 분들도 집에 있는 물건들을 가지고 나와서 벼룩시장에서 팔고 교환하면서 어려운 고비를 넘기는 분들도 많이 보았습니다.

벼룩시장에 가면 물건 사는 손님들도 집에 안 쓰는 물건 적어서 못 입는 물건 등등을 가지고 오면 되겠다고 하더군요.

내일 먹을 것 없는 사람들도 벼룩시장에 본인 물건과 친척들에게 도움을 청해 안 쓰는 물건을 가지고 나와 팔아서 생명을 연장하는 분들도 있고 반면에 가정에 있는 필요없는 물건을 싼 가격에 필요한 사람들에게 벼룩시장에 와서 팔아서 광주시민들에게 도움을 주는 분들도 계십니다.

옷없는 노숙자들이 오셔서 옷 한 개 주라는 분들도 계시고 또 싸게 살 수도 있고 어쨌든 벼룩시장은 국민들의 삶을 윤택하게 해 주는 것은 확실하다고 생각합니다.

부모들이나 친척들 지인들이 주신 농산물도 집에 쌓여 있으면 썩지만 벼룩시장에 가지고 와서 싸게 팔고,

매주 토요일에 시간을 정해서 북구에 있는 공원들과 청소년 수련

관 공원들을 이용해서 갖고 와서 사고 팔고 교환하고 외국같은 체계 있는 벼룩시장을 일년에 한두 번이 아닌 매주 토요일에 벼룩시장이라는 제도가 활성화 되었으면 하는 맘으로 건의해 봅니다.

갈수록 핵가족화 핵가족화로 되어지고 갈수록 독거 노인 등 단독 세대들도 갈수록 많아지고 혼자서 하루종일 방안에 있는 것보다 나와서 이웃과 동네 사람끼리 맛있는 것 갖고 나와서 같이 먹고 대화하고 물건 서로 교환하고 아니면 헌 물건 싸게 사고 안 쓰는 새물건도 집에 있는 물건 갖고 나와서 싸게 팔고 생활이 어려운 분들도 많은 도움이 됩니다.

서로 벼룩시장이나 재활용나눔장터에 나와서 서로 상호작용하고 서로 대화하고 동네사람과 이웃끼리 서로 알고 지내고 여러 가지로 좋은 것이 재활용쎈터라고 생각합니다.

요즘은 일요일은 교회 다니는 분들이 많아서 힘들고 토요일에 중고등학생, 대학생, 초등학생과 유치원이 쉬는데 직장도 쉬는 곳이 많습니다. 그런데 부모와 자녀들이 토요일에는 갈 곳이 없어 방황하고 특히 어려운 가정은 돈이 없어서 집에만 있어야 하고 자녀와 부모님과 같이 벼룩시장에 와서 자녀들도 크레파스 한개만 필요하는데 친척들이 선물로 많이 주어서 남아돌면 벼룩시장에 가지고 와서 팔고 필요한 것은 사는 등 자녀들에게 경제교육이 되고 구경을 할 수 있습니다.

이런 벼룩시장이 활성화 되어야 국민들의 삶이 윤택해지지 않을까 생각해 봅니다.

공무원들은 국민들을 위한 직업입니다. 휴일은 토요일이지만 국민을 위한다면 벼룩시장은 대부분 국민들이 원하는 정책이라고 생각합니다.

벼룩시장 하는 곳마다 참여자가 넘쳐나서 동구 대인시장 야시장도 접수해도 안되는 분들도 있습니다.

공무원들이 토요일에 근무하기 힘들면 자활하는 분들과 등등 직업을 원하는 노인 등의 인력을 활용하여 시키면 되고 사회와 국민들에게 좋은 일을 하는 이 좋은 제도 벼룩시장 보물섬이 날로 확장되어 구민들에게 많은 도움이 되었으면 하는 맘입니다.

가족들과 다른 곳에 가는 것보다 재활용 나눔터에 나와서 서로 구경하고 자녀들에게도 물건 재활용 하는 것도 가르치고 자녀들이 안 보는 책도 자녀들이 갖고 나와서 팔고 교환했으면 합니다.

날마다 하는 것이 아니고 매주 토요일만이라도 시간을 정해서 청소년 수련관 공원에서 해 주시면 어쩔까 하는 건의를 해 봅니다.

남구도 청장님께서 취임 하셔서 구청에 아이사랑 물품교환센터가 구청 안에 생겨서 많은 어려운 분들이 도움을 받는 것으로 알고 있습니다.

주말에 방황하는 가족들이 재활용 나눔장터에 와서 많은 도움을 받아서 구민들에게 자녀들에게도 정신교육과 절약을 배우는데도 도움이 된다고 생각합니다.

꼭 이러한 서구 무각사의 재활용나눔 보물섬 같은 제도가 북구에도 매주 토요일에 계속 했으면 하는 맘에서 건의를 해 봅니다.

구민들에게 직접 혜택을 주는 제도가 확장되었으면 하는 맘입니다.

서울 서초구청장님의 생각으로 인해 서초구 벼룩시장이 성공했습니다.

처음에는 몇 명이 시작되어 얼마 안 되어 수천 명의 벼룩시장 물건 가지고 오신 분들이 모여 들었다고 들었습니다. 그 정도로 벼룩시장은 국민들이 원하는 사업이라고 생각이 되어집니다.

북구 청소년 수련관 가까운 곳에는 전남대학교가 있어서 어려운 대학생들도 벼룩시장에 와서 필요한 물건들을 사면 도움이 될 것이고 요즘은 다문화 가정과 외국 유학생들도 필요할 것입니다.

경제가 어려울수록 국민들이 벼룩시장을 갈급해 하고 있습니다. 청장님의 현명한 정책이 이루어지기를 기대해 보며 부탁드립니다.

*아래 글은 제가 광주광역시 시청과 각 구청장님들께 벼룩시장을 활성화 해야 한다는 내용을 2014년도에 보낸 것으로 옮겨봅니다.

벼룩시장의 노점상

김순복 수기집

2021년 8월 20일 인쇄
2021년 8월 25일 발행

지은이 | 김 순 복
펴낸이 | 정 찬 애
발행처 | 도서출판 에코미디어
주 소 | 광주시 동구 양림로119번길 21-1(학동)
전 화 | (062)224-5319
E-mail | jcapoet@hanmail.net

ISBN 978-89-97482-43-6 03330

값 10,000원

공급처 ■ 한국출판협동조합
경기도 파주시 적성면 적성산단3로 10 (적성일반산업단지 내)
주문전화 (02)716-5616, 070-7119-1740